Franzius

PETRA LIERMANN

EINE SEELE IN ZWEI KÖRPERN

DER WEG DER DUALSEELEN IN EINE GLÜCKLICHE BEZIEHUNG

MIT EINEM 50-WOCHEN-KURS

Ratgeber

Ein Buch aus dem FRANZIUS VERLAG

Cover: Jacqueline Spieweg
Bildlizenzen: Shutterstock
Korrektorat/Lektorat: Petra Liermann
Verantwortlich für den Inhalt des Textes
ist die Autorin Petra Liermann
Satz, Herstellung und Verlag: Franzius Verlag GmbH
Druck und Bindung: BoD, Norderstedt

ISBN 978-3-96050-118-3

2. Auflage

Die Deutsche Nationalbibliothek verzeichnet diese Publikation in der Deutschen Nationalbibliografie; detaillierte bibliografische Daten sind im Internet über http://dnb.dnb.de abrufbar.

Inhaltsverzeichnis

Vorwort

Der Büchermarkt ist voll von Büchern über die alles umfassende, bedingungslose Liebe zwischen zwei Menschen. Vorzugsweise überraschend und zwischen zwei Partnern, die sich auch noch dagegen wehren, aber vollkommen machtlos im Angesicht der Heftigkeit ihrer Gefühle sind. Schnulzen treiben vor allen Dingen Frauen zu Heulkrämpfen und werden verschlungen wie ein Stück Brot durch einen Halbverhungerten. Alles und Jeder sehnt sich nach dieser Liebe, wünscht sich seine eigene Liebesgeschichte, die so romantisch ist, wie es in Büchern und Filmen immer beschrieben wird, und hängt doch fest in einer Normalo-Beziehung, was zu einem tiefen und bedauernden Seufzer führt. Es sind eben nur Geschichten ...

Oder eben auch nicht. Denn die Liebe zwischen Dualseelen ist genau das: plötzlich, überraschend, vollkommen überwältigend und lebensverändernd. Doch wer nun meint, dass all diejenigen zu beneiden sind, die das erleben dürfen, liegt weit daneben. Der Dualseelenprozess erfordert harte Disziplin, große Leidensfähigkeit und ähnelt einem Studium der Medizin oder Rechtswissenschaften: Lernen, lernen und nochmals lernen. Doch von nichts kommt nichts oder wie war der Spruch, den uns unsere Eltern schon eingehämmert haben?

Ich weiß nicht, ob es meinen eigenen Prozess beschleunigt hätte, wäre da jemand gewesen, der vor Jahren schon ein Buch wie dieses geschrieben hätte. Doch glaube ich fest daran, dass das Verständnis gewisser Abläufe hilfreich ist und zumindest den Schmerz lindern kann. Denn eins kann man mit Sicherheit sagen: Weder der eine noch der andere Teil in einer Dualseelenbeziehung ist in der Lage, den anderen ausreichend zu verstehen.

Starten wir also mit dem Versuch, den Seelenpartner und die Abläufe im Prozess hin zur erfüllenden Beziehung zu erklären …

Das Erkennen einer Dualseele …
… oder: Ist er´s oder ist er´s nicht?

Die meisten Menschen, die ihrer Dualseele begegnen, haben sich noch nie über dieses Thema Gedanken gemacht. Die Stärke der Gefühle und die außergewöhnlichen Verläufe werden jeden aber über kurz oder lang an den Punkt bringen, nach Erklärungen zu suchen. Und hier trifft man dann unweigerlich irgendwann auf dem Begriff der Dualseele.

Es gibt einen großen Kreis von Menschen, die angeblich oder wirklich ihrer Dualseele begegnet sind. Viele träumen von dieser Begegnung, weil sie damit bedingungslose, romantische und allumfassende Liebe verbinden, sich aber nicht im Klaren darüber sind, dass mit dieser Verbindung einer der härtesten Prozesse im Leben verbunden ist, der zugleich äußerst schmerzhaft sein kann.

Diejenigen, die wirklich ihre Dualseele kennenlernen durfte, aber noch in keiner festen Partnerschaft mit ihr leben, werden alle – und das ohne Ausnahme – in einem Prozess sein, der zum Ziel das Loslassen und am Ende die Eigenliebe hat. Und sie werden mehr oder weniger Schmerz empfinden, besser oder schlechter mit ihren Lernaufgaben klarkommen und meistens die Anforderungen an sich als zu groß empfinden, weil der Dualseelenprozess jeden Menschen an den Rand seiner Möglichkeiten bringt.

Es gibt fünf Merkmale, die als Alleinstellungsmerkmale für eine Dualseele angesehen werden können und in einer Entwicklung erkennbar werden:

- Vom ersten Augenblick an besteht ein Gefühl tiefer Verbundenheit. Man hat den Eindruck, sich schon ewig zu kennen. Gleichzeitig besteht auf beiden Seiten eine Vertrautheit, die sich keiner erklären kann. Fast sofort hat man zur Dualseele ein uneingeschränktes Vertrauen, sich zu öffnen.
- Das auf den ersten Blick erstaunlichste Merkmal ist die Tatsache, dass es scheinbar keine Entsprechung mit dem klassischen Bild des Traumpartners gibt. Dementsprechend fehlt bei den Meisten auch der spontane Wunsch, mit diesem Menschen eine Partnerschaft einzugehen, weil die Prägungen auf einen bestimmten Typ zu stark sind und das Gehirn dies so schnell nicht umsetzen kann. Ursache ist, dass das Bild eines idealen Partners von außen geprägt wurde und nicht uns selber komplett entspricht, weil es von unserem Gehirn vorher gefiltert wurde. Es besteht also keine besondere Anziehung am Anfang der Beziehung.
- Fast von Beginn an verfügen die Dualseelenpartner über ein scheinbar übernatürliches Wissen über das Denken und Fühlen des Anderen. Es wird Momente geben, in denen ein ganz außergewöhnliches Einheitsgefühls auftritt. Genauso funktioniert etwas wie Telepathie zwischen Dualseelen, die die Gedanken des anderen zwar nicht unbedingt von Anfang an als solche wahrnehmen, aber dann einen Drang verspüren, auf etwas zu reagieren, was bewusst gar nicht wahr-

genommen wurde. Viele Dualseelen haben Visionen, in denen sie den anderen in einer bestimmten Situation sehen, ihn fühlen oder reden hören, obwohl er kilometerweit entfernt ist. Auch gemeinsame Träume kommen vor, die sich deutlich von normalen Träumen unterscheiden und die von beiden aus der jeweiligen Perspektive eins zu eins wiedergegeben werden können.

❖ Dualseelen haben oftmals das Gefühl, dass Zeit im Zusammensein nicht existiert, dass sie erstaunt feststellen, dass Stunden vergangen sind, obwohl sie glauben, erst ein paar Minuten miteinander verbracht zu haben.

❖ Die Gespräche von Dualseelen können auch nach langen Unterbrechungen nahtlos fortgeführt werden. Es ist egal, wie viel Zeit wirklich vergangen ist.

Bei manchen Dualseelen sind die Merkmale ausgeprägter vorhanden, doch sie sind immer da.

Es ist wichtig, sich selbst ehrlich dahingehend zu prüfen, denn es gibt auch »falsche« Dualseelen, die ein wichtiger Schritt im Leben eines Menschen sind, jedoch lediglich das Ziel verfolgen, auf den richtige Weg zu kommen. Auch diese erkennt man an bestimmten Zeichen:

❖ Eine »falsche« Dualseele handelt nie aus Liebe heraus. Sie wird Energie ziehen, aber nie welche zurückgeben. Der Partner wird regelmäßig im Stich gelassen oder alleine gelassen, wenn es ihm nicht gut geht, eine tiefere Verbindung ist nicht möglich.

- Eine »falsche« Dualseele spielt eine Rolle, sie lässt nicht erkennen, wer sie wirklich ist. Dies geschieht mit der Absicht, dem Anderen Energie zu entziehen und den größten persönlichen Nutzen daraus ziehen zu können. Im Umkehrschluss wird von ihr auch nichts zurückgegeben.
- Eine »falsche« Dualseele wird komplett andere Überzeugungen vertreten, Werte werden sich massiv unterscheiden und ein gemeinsames Ziel wird von beiden nie definiert werden können. Hier ist es wichtig, zwischen Prägungen und Werten zu unterscheiden. Während die Prägungen bei Dualseelen zwei scheinbar völlig unterschiedliche Menschen hervorgebracht haben, die auf den ersten Blick wenig gemein haben, sind es bei »falschen« Dualseelen die Werte, die andere sind. Wirkliche Dualseelen werden hierin übereinstimmen.
- Eine »falsche« Dualseele wird die Schwächen des anderen ausnutzen und zum eigenen Vorteil missbrauchen. Eine wirkliche Dualseele erkennt die Stärken und wird intuitiv wissen, dass die Förderung des Partners zum eigenen Vorteil geschieht.

Viele Punkte kann man nur im Verlauf der Beziehung herausfinden, doch hilft das Bauchgefühl immer, die richtige Entscheidung zu treffen. Es ist nicht wünschenswert, sich durch das innere Drängen, endlich auch eine Dualseele zu finden, auf einen falschen Dualseelenweg zu begeben, jedoch ist auch dieser sehr lehrreich und kann helfen, es im späteren Leben mit der »echten« Dualseele einfacher zu haben.

Die Entscheidung für ein Leben als Teil eines Dualseelenprozesses …
… oder: Was zum Henker hat mich da denn wieder geritten?

Diese Frage wird sich jeder, der Teil einer Dualseelenpartnerschaft ist, das eine oder andere Mal sicherlich stellen. Da waren wir gerade raus aus einer Inkarnation mit vielen Erfahrungen und angekommen in der wundervollen Welt der allumfassenden Liebe, als uns auch schon die Idee kam, auf einmal besonders viele Erfahrungen in einer Inkarnation machen zu wollen, damit wir endlich mal damit durch sind. Und so schien es uns sicherlich eine hervorragende Möglichkeit, unsere Seele in zwei Teile aufzuteilen. Der eine Teil macht diese Erfahrungen, während der andere die anderen erledigt. Nebenbei wäre man dann auch noch der ideale Spiegel, um wirklich auch alles an Erfahrungen mitnehmen zu können, was geht.

In der Theorie sicher ein gut eingefädelter Plan, würden nicht manche an der Herausforderung eingehen wie eine Primel.

Verabredungen der Seelen, sich gegenseitig zu bestimmten Erfahrungen während einer Inkarnation zu verhelfen, dürften für die meisten keine große Neuigkeit sein. Eine vielzitierte Geschichte ist hierzu die der kleinen Seele:

»Du kannst Dir aussuchen, was für einen Teil von Gott du sein möchtest«, sagte Gott zu der kleinen Seele. »Du bist

absolute Göttlichkeit, die sich selbst erfährt. Welchen Aspekt der Göttlichkeit möchtest du nun als dein Selbst erfahren?«

»Du meinst, ich habe die Wahl?«, fragte die kleine Seele.

»Ja.« antwortete Gott. »Du kannst dir jeden Aspekt der Göttlichkeit aussuchen, den du in deinem als und durch dein Selbst erfahren möchtest.«

»Okay«, sagte die kleine Seele, »dann wähle ich Vergebung. Ich möchte mein Selbst als jenen Aspekt Gottes erfahren, den man vollkommene Vergebung nennt.«

Nun, das war keine geringe Herausforderung, wie man sich vorstellen kann. Es gab niemanden, dem man hätte vergeben können. Alles, was Gott geschaffen hat, ist Vollkommenheit und Liebe.

»Keiner, dem zu vergeben wäre?«, fragte die kleine Seele etwas ungläubig.

»Keiner«, bestätigte Gott. »Schau dich um. Siehst du irgendwelche Seelen, die weniger vollkommen, weniger wunderbar sind als du?«

Die kleine Seele wirbelte herum und sah sich zu ihrer Überraschung von allen Seelen im Himmel umgeben. Sie waren von fern und nah aus dem ganzen Reich gekommen, weil sie gehört hatten, dass die kleine Seele ein außergewöhnliches Gespräch mit Gott führte.

»Ich sehe niemanden, der weniger vollkommen wäre als ich!«, rief die kleine Seele. »Wem soll ich denn dann vergeben?«

Da trat eine andere Seele aus der Menge hervor. »Du kannst mir vergeben«, sagte die freundliche Seele. »Ich werde in deinem nächsten physischen Leben zu dir kommen und etwas tun, wofür du mir vergeben kannst«, erwiderte die freundliche Seele.

»Aber was? Was könntest du, ein Wesen so vollkommenen Lichts, tun, das ich vergeben sollte?« erkundigte sich die kleine Seele.

»Oh«, gab die freundliche Seele lächelnd zurück. »Ich bin sicher, wir können uns da etwas einfallen lassen.«

»Aber warum würdest du das tun wollen?« Der kleinen Seele war es ein Rätsel, warum ein Wesen von so hoher Vollkommenheit tatsächlich etwas »Schlechtes« tun wollte.

»Ganz einfach, ich würde es tun, weil ich dich liebe«, erklärte die freundliche Seele. »Du möchtest dein Selbst als vergebend erfahren, nicht wahr? Abgesehen davon hast Du dasselbe für mich getan.«

»Das habe ich?«, fragte die kleine Seele.

»Natürlich. Erinnerst du dich nicht mehr? Wir sind alles davon gewesen, du und ich. Wir sind das Oben und Unten, das Linke und das Rechte davon gewesen. Wir waren das Hier und das Dort und das Jetzt und das Dann. Wir waren das Große und das Kleine, das Männliche und das Weibliche, das Gute und das Schlechte davon. Wir alle waren das Alles davon. Und das taten wir aufgrund einer Vereinbarung, damit jede von uns sich, wir alle uns als den großartigsten Teil Gottes erfahren konnten. Denn wir haben verstanden, dass in der Abwesenheit dessen, was du nicht bist, das, was Du bist, nicht ist. In der Abwesenheit von kalt kannst du nicht warm sein. In der Abwesenheit von traurig kannst du nicht glücklich sein, ohne ein Ding, das man ›Böse‹ nennt, kann die Erfahrung, die man das ›Gute‹ nennt, nicht existieren.

Wenn du die Wahl triffst, etwas zu sein, dann muss irgendetwas oder irgendjemand im Gegensatz dazu irgendwo in deinem Universum auftauchen, um das zu ermöglichen.«

Dann erklärte die freundliche Seele, dass diese Wesen Gottes »Spezialengel« und diese speziellen Umstände Gottes Geschenke sind.

»Ich bitte dich nur um eines im Austausch dafür«, sagte sie schließlich.

»Alles, was es auch sei!«, rief die kleine Seele. Das Wissen, dass sie die Erfahrung von jedem Aspekt Gottes machen konnte, machte sie ganz aufgeregt. Sie verstand nun den Plan.

»In dem Augenblick, in dem ich dich schlage und peinige, in dem Moment, in dem ich dir das Schlimmste antue, das du dir je vorstellen kannst – genau in diesem Augenblick …«, so sagte die freundliche Seele, »… solltest du dich daran erinnern, wer ich wirklich bin.«

»Oh, ich werde es nicht vergessen!«, versprach die kleine Seele. »Ich werde dich in all der Vollkommenheit erkennen, in der ich dich jetzt sehe, und ich werde mich immer daran erinnern, wer du bist.«

»Weißt du, ich werde mich so verstellen müssen, dass ich mich selbst vergessen werde. Und wenn du dich nicht erinnerst, wie ich wirklich bin, dann werde ich mich selbst für eine sehr lange Zeit auch nicht daran erinnern können. Wenn ich vergesse, wer ich bin, dann kann es passieren, dass auch du vergisst, wer du bist.

Und dann sind wir beide verloren. Dann brauchen wir eine weitere Seele, die in unser Leben kommt und uns daran erinnert, wer wir wirklich sind.«

Doch die kleine Seele versprach noch einmal: »Nein, wir werden nicht vergessen, wer wir sind!

Ich werde mich an dich erinnern! Und ich werde dir sehr dankbar dafür sein, dass du mir dieses große Geschenk machst – das Geschenk, dass ich erfahren darf, wer ich wirklich bin.«

Und so schlossen die beiden Seelen ihre Vereinbarung. Die kleine Seele begab sich in ein neues Erdenleben. Sie war ganz begeistert, dass sie das Licht war, das so besonders war, und sie war so aufgeregt, dass sie jener Teil des Besonderen sein durfte, der »Vergebung« hieß. Sie wartete begierig darauf, sich selbst als Vergebung erfahren zu können und der anderen Seele dafür danken zu dürfen, dass sie diese Erfahrung möglich gemacht hätte. Und in jedem Augenblick dieses neuen Erdenlebens, wann immer eine neue Seele auftauchte, ob sie nun Freude oder Traurigkeit brachte – natürlich besonders, wenn sie Traurigkeit brachte –, fiel der kleinen Seele ein, was Gott ihr einst mit auf den Weg gegeben hatte:

»Denke stets daran:«, hatte Gott mit einem Lächeln gesagt, »Ich habe dir immer nur Engel geschickt!«

(Quelle: N.D.Walsh: Gespräche mit Gott)

Der Dualseelenprozess ist ein ähnlicher, darf jedoch ohne Weiteres als die Königsdisziplin bezeichnet werden.

Es ist also nicht erstaunlich, wenn unsere Seelen so manches Mal an der Herausforderung scheitern und zwei oder gar mehrere Anläufe brauchen, um diese zu meistern. Doch schaffen wir es, haben wir etwas erreicht, das unsere Inkarnation zum Himmel auf Erden macht und uns in unserer seelischen »Laufbahn« ein gutes Stück weiterbringt.

Ich glaube nicht, dass jede Seele sich so einfach in einen Dualseelenprozess begeben kann und bin der Überzeugung, dass schon einige Inkarnationen erledigt worden sein müssen, um hierfür bereit zu sein. Doch ist dies weder ein Grund, sich als besonders privilegiert zu betrachten, noch eine Absicherung gegen Scheitern.

Wie dem auch sei – und genau wird uns niemand diese Frage beantworten können – : Wir haben aus gutem Grund und mit den besten Voraussetzungen die Entscheidung getroffen, in zwei Teilen in vollkommen unterschiedliche Leben zu inkarnieren und uns bei passender Gelegenheit wieder zu vereinen.

Die verschiedenen Inkarnationen …
… oder: Warum ist mein anderer Teil nur wie ein Alien für mich?

Bekanntermaßen suchen wir uns unsere Eltern, unsere Umgebung und unsere Lebensumstände vor der Inkarnation sehr bewusst aus, um genau die Rahmenbedingungen vorzufinden, die es uns ermöglichen, die Erfahrungen machen zu dürfen, die wir uns vorgenommen haben.

Nun wäre es vollkommen sinnlos, sich aufzuteilen, wenn der andere nicht ganz andere Erfahrungen machen würde. Das heißt nicht unbedingt, dass ein Teil ein berühmter Filmstar in Hollywood werden muss, während der andere am Hungertuch in einem Dritte-Welt-Land nagt. Es bedeutet aber schon, dass sich auch in ein und derselben Stadt und auf dem gleichen sozialen Level zwei vollkommen unterschiedliche Persönlichkeiten entwickeln können. Alles ist hier möglich. Auch werden beide nicht immer im selben Jahr geboren oder gar am selben Tag. Doch erstaunlich häufig sind die Sternzeichen von Dualseelen gleich.

Fakt ist, dass Jahre zwischen den einzelnen Inkarnationen liegen können und die Geburtsorte und Lebensumstände genauso oft unterschiedlich wie extrem ähnlich sind. Trotzdem ist sicher, dass beide Teile sich vollkommen unterschiedlich entwickeln werden. Sie werden mit Werten und Prägungen durchs Leben gehen, die verschiedener nicht sein könnten, werden mit Situationen und Problemen vollkommen anders umgehen als der andere Teil.

Dies ist nicht einfach nur eine besondere Erschwernis, für die wir hinterher ein paar Sternchen bekommen, sondern eine Notwendigkeit, die es beim späteren Zusammentreffen ermöglichen wird, unsere Ziele wirklich zu erreichen. Diese Verschiedenheit bietet uns erst die Chance, jede kleine Veränderung sofort zu spüren und den richtigen Weg zu wählen.

Unser idealer Spiegel ist ein Mensch, der vollkommen anders reagiert, denkt und fühlt. Und den haben wir in unserer Dualseele gefunden.

Wir arbeiten also unser ganzes Leben darauf hin, diesen einen Menschen zu treffen – unterbewusst und perfekt geführt. Haben wir ihn dann gefunden, mag ihn unsere Seele vielleicht erkennen, unser Kopf sagt aber definitiv: »Was sollst ich denn mit der/dem anfangen?«

Oftmals treffen in diesem Moment zwei Menschen aufeinander, die kaum etwas miteinander gemein haben: Während der eine seinen Sommerurlaub am Strand verbringt, fährt der andere Wandern. Der eine isst gerne Fisch, der andere ist Vegetarier. Teil A mag es lieber ruhig, während Teil B auf Party nicht verzichten kann und während er sich nur auf dem Land wohlfühlt, will sie auf keinen Fall auf die Stadt verzichten. Denkbar ungünstig. Doch auch bei der Handhabung bestimmter Dinge, den Denkweisen und Herangehensweisen an bestimmte Gegebenheiten ist es ähnlich, und Missverständnisse sind vorprogrammiert. Ist ein Teil für seine Freunde ein offenes Buch, ist der andere extrem sparsam damit, sich zu offenbaren. Sucht A für jedes Problem Hilfe im Außen, macht B alles mit sich alleine aus.

Diese Verschiedenartigkeit ist wichtig und nur durch den Weg, der zu ihr geführt hat, können wir sicher sein, ein Maximum an Erfahrungen »abgearbeitet« zu haben. Doch die Wahrscheinlichkeit, mit einem solchen Menschen eine Beziehung führen zu können, erscheint im ersten Augenblick gleich Null.

Eigentlich brauchen Dualseelen ein Lexikon oder eine Gebrauchsanweisung, um einigermaßen mit ihrem anderen Teil zurechtkommen zu können. Nichts ist uns fremder als dieses Verhalten, nichts unmöglicher, als diese Denkweise zu verstehen. Und auch ausführliche Erklärungen helfen oftmals nicht, denn diese Methoden sind uns so fremd wie nichts anderes auf dieser Welt.

Doch eine Eigenschaft, nämlich der Umgang mit Gefühlen, bringt uns zu einem Charakteristikum, das alle Dualseelen auszeichnet.

Die zwei Rollen in der Dualseelenbeziehung ...
... oder: Wie kann der nur so mit mir umgehen?

Es gibt verschiedene Arten des Umgangs mit Gefühlen, die wir uns in unserem Leben oftmals schwer und besonders schmerzhaft erarbeitet haben. Unser Gehirn hat realisiert, dass Schmerz nicht gut und sogar gefährlich für uns ist und so haben wir vielleicht beschlossen, diesen Schmerz einfach zu vermeiden. Kleine Gefühle = kleiner Schmerz, große Gefühle = großer Schmerz. Dementsprechend hoch bauen wir unsere Mauer um unser Herz, dass dieser Schmerz erst gar nicht mehr eintreten kann.

Sind wir oft verlassen worden, haben wir vielleicht sogar einen Partner oder geliebten Menschen durch Tod verloren, hat unser Gehirn mit tiefen Gefühlen auch die tiefen Verletzungen verbunden und beschlossen, dass es für uns gefährlich ist, so zu empfinden. Tiefe Gefühle werden also vermieden und Verdrängung ist eine unserer Lieblingssportarten geworden. Dieses Verhalten haben wir trainiert, kultiviert, gehegt und gepflegt. Und so gehen wir durchs Leben, verdrängen alles, was uns gefährlich werden könnte, und fahren eine Mauer um unserer Gefühle hoch, so dass diese uns in unserem Leben nicht mehr gefährlich werden können.

Alternativ ist es aber auch möglich, dass wir immer nach Liebe gesucht haben und es unser erklärtes Ziel im Leben ist, diese endlich zu bekommen. Unser Gehirn ist der Überzeugung, dass Liebe das erklärte Lebensziel sein muss, und klammert sich an allem fest, was nach Liebe aussieht. Aufgeben gibt es nicht. Wir geben alles von uns, um Liebe zu erhalten und sind unterbewusst der festen Überzeugung, dass mit genügend Leistung und Anstrengung diese Liebe irgendwann erreicht werden kann. Haben wir dann einmal echte Liebe gefunden, können wir diese nicht loslassen und müssen alles tun, um sie zu halten. Alles in uns ist auf die Angst gerichtet, diese Liebe wieder zu verlieren. Ein »Nein« ist für uns nicht nur unverständlich, sondern auch noch im höchsten Maße inakzeptabel.

Wir können beiden Typen einer Dualseelenbeziehung nun also einen Namen geben, mit dem wir weiter arbeiten können: Der Gefühlsklärer auf der einen Seite, der wieder lernen muss, sich seinen Gefühlen zu stellen und diese wahrzunehmen, und der Loslasser, der lernen muss, dass Liebe gleichbedeutend mit Freiraum ist und nicht durch Leistung erreicht werden kann.

Beim Gefühlsklärer ist die wirkliche Herausforderung in der Dualseelenbeziehung, dass er die Gefühle, die er empfindet, überhaupt erst einmal wahrnimmt. Die pure Ahnung, dass etwas Großes geschehen sein könnte, nämlich wahre und bedingungslose Liebe, lässt ihn zurückschrecken. Die Angst, verletzt zu werden, ist übermächtig, er arbeitet mit jeder verfügbaren Methode, um sich einzureden, dass es nur eine vorübergehende Vernarrtheit ist, nur eine Phase, die bald ein Ende finden wird. Er lässt die Gefühle, die in ihm brodeln, nur so weit an die Oberfläche, wie er dies sich selbst gegenüber verantworten kann. Und auch wenn er der Liebe seines Lebens gegenübersteht, wird er nicht mehr als ein wenig Anziehung empfinden, weil er den Rest sofort verdrängen wird. Reicht das alles nicht, wird er Situationen vermeiden, die ihn an die Gefühle erinnern, wird die Person, die das in ihm hervorruft, meiden wie der Teufel das Weihwasser und im Notfall zu einer Art Ersatzbefriedigung greifen.

Der Loslasser hingegen sieht seine Träume erfüllt, schreit freudig auf, weil er endlich die ganz große, wahre Liebe gefunden hat, und würde sich für diese sofort jede Brücke hinunterwerfen. Er schwört sich, alles in seiner Macht stehende zu tun, um diese Liebe glücklich zu machen und dafür zu sorgen, dass sie nie wieder verschwinden wird. Doch der Gefühlsklärer ist bereits auf dem Rückzug, denn er hat Angst und ihm ist das zu viel. Also rennt der Loslasser hinterher, begreift nicht, was vor sich geht, und ist entsetzt, dass der andere nicht zwangsläufig auch eine Beziehung möchte. Je mehr der Gefühlsklärer in den Rückzug geht, umso mehr leistet der Loslasser, was zu einem weiteren Rückzug führt ...

Diese Rollenverteilung ist für wirklich jede Dualseelenbeziehung charakteristisch und lässt sich auch so verallgemeinern. Sie ist auch ein Grund, warum wir unserer Dualseele meist erst in fortgeschrittenem Alter, mit einiger Lebenserfahrung und Erfahrung in Beziehungen begegnen, denn in jungen Jahren ist diese Herausforderung einfach nicht zu meistern.

Wichtig ist, dass Dualseelen aneinander gebunden sind. Zwischen ihnen existiert eine Verbindung, die – wenn sie nicht unterdrückt wird – alle Gefühlszustände und Entwicklungen direkt an den anderen Teil überträgt. Diese

Tatsache macht es unmöglich für beide Seiten, ihre Entwicklungen vorzutäuschen. Schummeln ist also unmöglich. Doch jeder Fortschritt des einen Teils ist auch einer des anderen, was im weiteren Verlauf der Beziehung noch deutlich werden wird.

Doch beginnen wir nun erst einmal mit dem gemeinsamen Weg von Gefühlsklärer und Loslasser.

Das erste Treffen ...
... oder: Und das ist wirklich Liebe?

Um die Situation beider Beteiligter verständlich zu machen, erzählen wir dieselbe Geschichte aus der jeweiligen Perspektive.

Beginnen wir mit dem Gefühlsklärer. Unser Dualseelenpartner hat bisher ein Leben gelebt, in dem Beziehungen für ihn schmerzhaft waren, Liebe also mit Schmerz verbunden wurde. Sein Gehirn hat den Mechanismus der Verdrängung bis zur Perfektion erlernt und entweder Beziehungen zugelassen, die wenig in die Tiefe gingen, oder ihn in eine für ihn sichere Ausgangslage gebracht, in der gefährliche Beziehungen mit fester Bindung unmöglich sind. Er wird wahrscheinlich immer gute Gründe haben, warum er diesen ausweicht, und mögliche Partner vielleicht sogar vorwarnen, dass er kein gutes Material für eine feste Beziehung ist.

Unser Gefühlsklärer hat mit Sicherheit schon erkannt, dass etwas in seinem Leben nicht zufriedenstellend verläuft, ist möglicherweise schon damit beschäftigt, sich spirituell weiterzuentwickeln, aber an die wesentlichen Blockaden in seinem Leben ist er bisher noch nicht herangetreten und hat alte Verletzungen noch nicht verarbeitet. Irgendwo tief in seinem Inneren brodeln negative Gefühle im Zusammenhang mit Ex-Partnern, die er aber gut unterdrückt.

In dieser Situation nun passiert etwas vollkommen Unerwartetes: Eines Tages steht er einem anderen Menschen gegenüber, sieht dieser Person in die Augen und erkennt seine Dualseele. Dieses Erkennen erfolgt so plötzlich und schnell, dass sein Gehirn vollkommen überrumpelt ist und die Befehle zur Verdrängung nicht schnell genug erteilen kann. Kurze Zeit schwebt der Gefühlsklärer auf Wolke sieben. Er ist vollkommen fasziniert, nimmt ein ihm bisher unbekanntes Gefühl wahr und weiß, dass seine bisherigen Methoden beim Kennenlernen potentieller Partner hier nicht funktionieren. Und er sieht, dass auch der andere Teil dieses Gefühl empfindet.

Wahrscheinlich ist dieses Gefühl so umwerfend, dass er einige Tage braucht, um damit fertig zu werden. Sein Gehirn wird versuchen, einen Ausweg aus dieser Misere zu finden, und alle Hebel für einen Rückzug in Bewegung zu setzen. Das Wort »Gefahr« steht in riesigen Lettern vor seinem inneren Auge.

Nun verfügen Dualseelen über einen inneren Draht, der ihre Gefühlszustände unmittelbar an den anderen Teil weiterleitet. Sie nehmen einander über jede Distanz wahr. Und da der Loslasser nun einmal so ist, wie er ist, nimmt der Gefühlsklärer nicht nur in direkter Aktion den Druck wahr, den dieser auf ihn ausübt, endlich diese Liebe zu leben. Die Gefahr wird größer, der Gefühlsklärer muss sich dringend weiter zurückziehen.

Dies kann bis zu einem kompletten Rückzug und dem Ignorieren des Loslassers führen. Für seine Verdrängung wird der Gefühlsklärer vielleicht ein paar Tage brauchen, vielleicht wird er auch schon versuchen sich einzureden, er könnte eine unverbindliche Affäre eingehen und dies würde ihm reichen. Doch am Ende wird ihm alles zu gefährlich werden und er wird auf Rückzug gehen.

Kommen wir zum Loslasser. Auch er hat im Leben seine Erfahrungen mit Beziehungen gemacht und auch er hat Schmerz erfahren. Im Gegensatz zum Gefühlsklärer hat er aber nicht das Gefühl, dass Liebe im Allgemeinen eine Gefahr darstellt, sondern dass er bisher einfach noch nicht die wahre Liebe getroffen hat oder einfach selbst nicht gut genug für diese war. Er hat vielleicht einfach nicht genug geleistet, um diese zu verdienen. Sehr wahrscheinlich befindet er sich in einer Situation, in der er schon leise Zweifel hat, dass diese Einstellung richtig ist, oder einfach verstanden hat, dass er an sich selbst arbeiten muss, um den richtigen Partner in sein Leben zu ziehen.

Plötzlich jedoch steht er eines Tages vor einem Menschen, der für ihn eigentlich niemals als Partner attraktiv gewesen wäre. Er sieht sich dem Gefühlsklärer gegenüber, dem er in die Augen sieht, seine Dualseele unterbewusst in ihm erkennt und er fühlt eine Welle von Glück. Weder der Gefühlsklärer noch der Loslasser haben jemals zuvor dieses Gefühl gekannt: Alles im Leben ist in diesem Moment am richtigen Ort, alle Probleme und Schwierigkeiten machen einen Sinn und beide sind in ihrer absoluten Mitten, in einem inneren Gleichgewicht, das kein Yoga und keine Meditation der Welt je erreichen wird.

Der Loslasser wird auch meist nicht sofort erkennen, dass er der absoluten Liebe seines Lebens begegnet ist, denn sein Gehirn kann dies erst einmal nicht glauben. Aber er wird sich besser fühlen als jemals zuvor, wird irgendwann alle Anzeichen zusammen betrachten und wissen, dass er das erste Mal in seinem Leben wirklich liebt. Und sein Gehirn wird danach schreien, jetzt bloß keinen Fehler zu machen, genug Leistung zu bringen, um sich diese Liebe auch zu verdienen, und nur nicht loszulassen. Festhalten und am besten Anketten sind nun die Devise. Der nach einigen Tagen eintretende Rückzug des Gefühlsklärers bewirken genau das Gegenteil: Der Loslasser rennt noch schneller, leistet noch mehr, um den Gefühlsklärer davon zu überzeugen, dass er dessen Liebe wert ist, und klammert, so gut es geht.

Wir haben am Ende der ersten Phase der Dualseelenbeziehung also immer zwei unglückliche Menschen, wobei der Gefühlsklärer eindeutig auf den ersten Blick in der besseren Position ist, weil er die perfekte Verdrängung beherrscht.

In dieser Phase passiert also immer: erstes Treffen, Erkennen der Bedeutung des Gefühls, Rückzug/Klammern.

Eine Lösung dieses Dilemmas könnte spontan in dieser Phase nur erfolgen, wenn einer von beiden eine plötzliche Einsicht hätte und genau das tun würde, was ihm das Leben schon vorher versucht hat beizubringen: Eigenliebe entwickeln und Gefühle zulassen beziehungsweise Selbstwert erkennen und loslassen.

Hier wird auch noch einmal deutlich, dass der Fortschritt des einen gleichzeitig der des anderen ist. Denn würde der Loslasser nun loslassen, müsste der Gefühlsklärer nicht weiter in den Rückzug gehen und sich mehr seinen Gefühlen stellen. So stoßen sich beide weiterhin ab wie gleiche Pole eines Magneten.

Doch weit gefehlt zu glauben, dass die Beziehung nun endgültig in den Sand gesetzt worden wäre, denn eigentlich geht es nun erst richtig los. Und im weiteren Verlauf wird deutlich, warum in Dualseelenbeziehungen so viele Lernaufgaben bewältigt werden wie nirgendwo sonst. Und warum diese Beziehungen immer für das weitere Leben halten, wenn beide Teile einmal ihre Erfahrungen gesammelt und ihre Bestimmung erfüllt haben.

Man kann zur Dauer dieser ersten Phase keinerlei Angaben machen. Manche Loslasser verstehen den Rückzug des Gefühlsklärers sofort, weil ihnen schon einmal Menschen dieser Art begegnet sind. Oder sie sind tief verletzt und verkriechen sich in ihr Schneckenhaus. Andere Loslasser versuchen es mit Hartnäckigkeit und treiben den Gefühlsklärer so immer weiter in seinen Rückzug. Hier sind die unterschiedlichsten Varianten denkbar. Doch auch, wenn schon in diesem Stadium eine erste kurze Affäre stattfinden sollte, ist es sehr unwahrscheinlich, dass alle anderen nun folgenden Phasen übersprungen werden können. Denn die entscheidende – und beabsichtigte – Entwicklung steht beiden nun noch bevor.

Der Liebeskummer des Gefühlsklärers ...
... oder: Wie bewege ich ihn endlich in meine Richtung?

Loslasser und Gefühlsklärer hängen nun also fest in einer Endlosschleife. Aber nicht auf immer und ewig. Denn selbst der stärkste Klammerer wird irgendwann aufgeben und feststellen, dass er sich ein Bein nach dem anderen ausreißt, während das Gegenüber immer ablehnender wird. Wenn die Erkenntnis nicht schon früher kommt, wird spätestens der komplette Rückzug mit Missachtung und Ablehnung aus reinem Selbstschutz dazu führen, dass der Loslasser aufgibt.

Inzwischen sind aber einige Dinge passiert: Der Loslasser hat sich wahrscheinlich immer weiter in ein Gefühl gesteigert, das er bisher kaum gekannt hat. Er war in seiner vollkommenen Mitte, hat für einen Moment bedingungslose Liebe gefühlt und ist dieser Liebe hinterhergelaufen, immer in der Hoffnung, dass er irgendwann gut genug für den Gefühlsklärer sein würde. Doch langsam versteht er, dass der nun gar nichts von ihm will. Er begreift das System nicht, war er sich doch so sicher, dass der andere genauso gefühlt hat wie er selbst. Und langsam keimt der Gedanke auf, dass er da vielleicht einen Menschen hat, der gar keine Beziehung will und die Liebe ablehnt. So unwahrscheinlich und verrückt das auch für den Loslasser klingen mag, so wahrscheinlich macht das Verhalten des

Gefühlsklärer es. Wenn der Loslasser immer noch nicht aufgegeben hat, wird er vielleicht versuchen, sich entsprechend zu ändern und eine Beziehung für den Gefühlsklärer attraktiv zu machen. Im Regelfall sind aber durch den Rückzug so viele Verletzungen geschehen, dass der Schmerz für den Loslasser dazu führt, sich einmal in Ruhe hinzusetzen und zu überlegen, ob es das alles wirklich wert ist. Wahrscheinlich wird er auch im Laufe der Zeit feststellen, dass Phasen, in denen er entspannt an den Gefühlsklärer herantritt, dazu führen, dass dieser sich mehr öffnet.

In jedem Fall wird es dazu kommen, dass der Loslasser für einen Moment das tut, was er eigentlich immer tun sollte: loslassen. Und er wird die Wirkung umgehend durch den Gefühlsklärer gespiegelt bekommen, der sich seinerseits ein Stückweit aus seinem Rückzug hervortrauen kann. Leider beginnt hier also ein neuer Kreislauf, denn dieses erste Aufeinanderzugehen löst beim Loslasser oft Hoffnung aus, die dazu führt, dass er sich zurück in Phase 1 begibt.

Doch es kommt bei jedem der Zeitpunkt der Erkenntnis: Der Loslasser versteht, was den Gefühlsklärer aus seinem Schneckenhaus treiben kann. Und er wird versuchen, diesen Zustand nun beizubehalten.

Leider sind Dualseelen in einer Art miteinander verbunden, die es unmöglich macht, dem Gefühlsklärer Desinteresse vorzuspielen. Entweder der Loslasser lässt wirklich los und erkennt, dass er nicht verlieren kann, was er nie besessen hat, oder es funktioniert einfach nicht.

Der Gefühlsklärer hingegen ist oberflächlich genervt von den nicht nachlassen wollenden Nachstellungen des Loslassers. Er will seine Ruhe, will verdrängen und nicht an dieses Gefühl erinnert werden, das ihn kurzzeitig befallen hat. Er wird sogar wirklich selbst daran glauben, dass alles nur ein Hirngespinst war und der Loslasser vielleicht ganz nett ist, aber mehr auch eben nicht.

Doch dann fühlt der Gefühlsklärer plötzlich, dass der Loslasser das Interesse verliert. Er rennt ihm eben nicht mehr hinterher. Und er distanziert sich innerlich. Der Gefühlsklärer seinerseits gerät nun in Bedrängnis, denn er vermisst aus für ihn unerklärlichen Gründen plötzlich den sonst so nervigen Loslasser. Je nach Intensität des Loslassens und Rückgangs der Verlustangst kann aus einem Vermissen beim Gefühlsklärer sogar regelrechter Liebeskummer werden.

Nun besteht wieder die Gefahr, in einen Teufelskreis zu geraten. Und die meisten Paare machen genau den noch mehrere Male mit, bis sie zu der alles rettenden Erkenntnis gelangen, dass nur das wirklich echte, tiefe Loslassen in diesem Moment einen Sinn hat.

Leider ist es wirklich so, dass derjenige mit der meisten Arbeit der Loslasser ist. Die Verdrängung des Gefühlsklärers funktioniert in dieser Phase noch so gut, dass alleine die Aktion des Loslassers entscheidend ist. Denn wenn da nichts ist, braucht man auch an nichts arbeiten, sagt sich der Gefühlsklärer.

Und der Loslasser hat eine Menge vor sich, während in den Tiefen des Gefühlsklärers erst einmal weiter sicher verdrängt wird.

Der Weg zur Selbstliebe ...
... oder: Was tue ich, wenn mich einfach keiner lieben will?

Es wäre sicherlich falsch, den Gefühlsklärer als bevorzugt zu betrachten, auch wenn er in dieser Phase allem Anschein nach einfach sein Leben mit seinen bisher erfolgreichen Mechanismen weiterführen darf, während der Loslasser sich ein Bein ausreißen muss, um wieder einigermaßen klarzukommen. Fangen wir also mit dem Gefühlsklärer an:

Dem Gefühlsklärer wird nun immer öfter bewusst, dass er den Loslasser verliert. Er fühlt die Distanz und diese beunruhigt ihn, lässt ihn Verlustängste fühlen und vielleicht sogar Liebeskummer. Er wird versuchen zu verdrängen, was er aber immer weniger schafft. In letzter Konsequenz wird er sich also zumindest minimale Gefühle eingestehen müssen, die er auf dem Level eines normalen Verliebtseins halten muss. Da er ja nicht der Beziehungstyp ist – beziehungsweise sich dieser Möglichkeit durch die Erschaffung entsprechender äußerer Umstände beraubt hat –, wird ihm der Gedanke kommen, eine unverbindliche Affäre zu führen. Dies erscheint ihm ein angemessener Kompromiss.

Dieses Mittel würde für ihn sicherstellen, dass er den Loslasser weiter in seiner Nähe behält und sogar in den Genuss bestimmter »Vergünstigungen« kommt, ohne sich dabei gefühlsmäßig zu sehr zu engagieren.

Aber auch dies ist nur ein notfallmäßiger Behelf und wird auf Dauer nicht diese absolut alles umfassende, bedingungslose Liebe zum Dual in Schach halten können. Am Ende gibt es auch für den Gefühlsklärer nur Hop oder Top.

Es ist leider eine Tatsache, dass viele Gefühlsklärer zu den wildesten und verrücktesten Mitteln greifen, um weiter verdrängen zu können. Doch hierzu mehr in der nächsten Phase.

An dieser Stelle, an der beide Parteien nun festhängen, geht es in erster Linie um den Loslasser, der die Geschwindigkeit des weiteren Verlaufs durch seine Lernbereitschaft weitestgehend alleine beeinflusst, denn wie wir schon festgestellt haben, lässt die seelische Verbindung der Dualseelen nichts anderes zu als eine direkte Übermittlung der Gefühle an den jeweils anderen.

Der Loslasser erkennt, dass er sich in einem niemals endenden Zyklus von Schmerz befindet, er versteht, dass es wahrscheinlich nie zu einer Beziehung kommen wird, wie er sie sich wünscht, und dass er sich weit unter Wert verkauft. Er hat sich erniedrigt, ist dem Gefühlsklärer hinterhergelaufen, hat alles gegeben, was er geben konnte und wurde dafür schlecht behandelt, ignoriert oder sogar gemieden wie die Pest. Alles Klammern und Festhalten hat ihm nichts eingebracht außer Kummer und es keimt endlich der Gedanke in ihm auf, dass auch er einen Wert hat, dass auch seine Gefühle etwas zählen und er nicht der Fußabtreter eines ignoranten Menschen sein darf, so sehr er diesen auch liebt.

Der Loslasser hat im Regelfall begriffen, dass es sich um echte Liebe handelt, er hat seine Gefühle studiert und ist ein Paradebeispiel für die Ausnahme der Regel »Du kannst nur andere lieben, wenn du dich selber liebst«, denn diese Regel gilt in der Dualseelenliebe nicht, liebt man doch im Grunde genommen auch sich selbst, wenn man das Dual liebt. Der Loslasser weiß also, wie Liebe sich anfühlt, und kann somit dieses Gefühl studieren, um es auf sich selbst zu übertragen.

Wie auch immer der Loslasser dabei vorgeht, wird er mehr in seine Selbstliebe gehen. Und das ist genau das Ziel: Die Erfahrung von Loslassen, Freilassen und Eigenliebe.

Alleine die Erkenntnis reicht auch hier wiederum nicht. All das muss umgesetzt sein, weil der Gefühlsklärer sehr gut damit umgehen kann, wenn der Loslasser ihm nur etwas vorspielt. Er merkt jeden wirklichen Fortschritt und entlarvt jedes Schauspiel und Taktieren sofort.

Für Loslasser ist dieser nun einsetzende Prozess wirklich schwierig, denn sie wissen an einem bestimmten Punkt der Entwicklung, warum ihre Beziehung zum Gefühlsklärer so ist, wie sie ist, und empfinden immer noch diese unglaubliche Liebe für ihn. Sie werden also zwangsläufig immer wieder hoffen, mit der nächsten Hürde in ihrer eigenen Entwicklung den Level erreicht zu haben, der erforderlich ist, damit der Gefühlsklärer die weiße Fahne hisst.

Doch immer wieder tauchen neue Aspekte auf, die bearbeitet werden müssen. Der Loslasser muss erst der perfekte Partner in einer glücklichen Beziehung werden, bevor der Gefühlsklärer sich überhaupt irgendeinem ernsthaften Problem stellen muss.

Es gibt für diesen Prozess keine wirklich gute Anleitung. Es ist für den Loslasser zutiefst unverständlich, warum er etwas loslassen muss, dass er doch behalten will. Er kann auch nur vom Kopf her verstehen, warum der Gefühlsklärer so reagiert, wie er es tut, denn er ist sich sicher, dass die Gefühle erwidert werden.

Die einzig wirklich wichtige Erkenntnis, die für jeden Loslasser die neue Lebensregel sein muss, ist: Liebe dich selbst, lasse los, was du liebst, damit es zu dir zurückkehren kann, und bleib immer bei dir selbst. So unlogisch es auch erscheinen mag, so wirksam ist der Weg, puren Egoismus zu praktizieren, denn dieser ist hier unumgänglich. Ein Egoismus, der ehrlich, respektvoll und liebevoll mit sich selbst und anderen umgeht.

Egoismus ist nur dann mit negativen Konsequenzen behaftet, wenn er aus Angst handelt. Geschieht alles in Liebe, wird es lebensverändernd im positiven Sinne für alle Beteiligten sein.

Die Angst, die die meisten Loslasser ergreift, dass eine Entwicklung in diese Richtung auch dazu führt, dass man selbst nicht mehr attraktiv für den Gefühlsklärer sein könnte, ist völlig unbegründet. Es führt kein Weg an dieser Liebe vorbei. Und jede Entwicklung in eine positive Richtung wird auch gleichzeitig für den Gefühlsklärer positiv und attraktiv sein.

Ein paar Dinge müssen in dieser Phase beachtet werden: Meist sind die Loslasser weiblich. So sehr Frauen sich auch eine Gleichberechtigung in allen Bereichen wünschen, so unbestritten ist es doch, dass es typisch weibliche Attribute gibt, die von der Natur auch so vorgesehen wurden. Stellen wir uns eine Mutter vor, die vor Liebe zurückschreckt, weil sie ihr gefährlich werden könnte ... Frauen lesen nicht nur gerne Liebesromane, sie wünschen sich auch nichts sehnlicher, als dies alles live und in Farbe zu erleben. Und diese Romane laufen immer nach einem bestimmten Schema ab, wenn sie erfolgreich sind: Attraktiver, reicher Mann (reich ist nicht unbedingt erforderlich, aber von Vorteil, weil er dann ja von der ganzen Welt begehrt wird und die freie Auswahl unter Frauen hat) verliebt sich in arme, problembehaftete Frau. Beide wollen diese Liebe eigentlich gar nicht, kämpfen dagegen an und verlieren den Kampf, woraufhin sie nach vielen Irrungen und Wirrungen doch endlich zusammenkommen und glücklich werden. Die Liebe hat gesiegt. Dies ist das Erfolgskonzept seit Jahrzehnten und sichert Autoren wie Nora Roberts, Uta Danella und Inga Lindström ihren Lebensunterhalt.

Je komplizierter die Sachlage, je unwahrscheinlicher, dass der Mann sich für die Frau entscheidet, desto größer der Erfolg am Ende. Ein Grund, warum Frauen so unglaublich gerne den nächsten Macho, Homosexuellen oder katholischen Priester wählen, denn eine Entscheidung dieser Personengruppen für eine Beziehung wäre doch der ultimative Liebesbeweis. Leider meinen sie in den seltensten Fällen die Menschen dahinter, sondern brauchen dringend die Bestätigung, einer solchen Liebe wert zu sein.

Loslasser sind genau <u>so</u> gestrickt: Es mangelt ihnen an Eigenliebe, was sie durch »Erfolgserlebnisse« zu kompensieren suchen. Finden sie nun dazu die ganz große Liebe, können und dürfen sie sie nicht mehr gehen lassen.

Es ist wichtig für Loslasser zu erkennen, dass sie unterbewusst durch diese Prägungen ihre Dualseelenbeziehung beeinflussen und ihr inneres Bild einer perfekten Beziehung gespiegelt bekommen. Denn ein inneres Glaubensmuster wird immer im Außen gespiegelt werden. Und so kann diese Beziehung in ihrem Verlauf nur ein Drama werden, denn der Loslasser glaubt ja innerlich daran, dass die große Liebe tragisch und problembehaftet verlaufen muss, bevor sie glücklich endet.

Womit auch schon ein weiterer entscheidender Punkt erreicht wäre: das Loslassen.

Loslassen ist ein Modethema und die endgültige Lösung, wenn nichts mehr hilft. An allen Ecken und Enden wird von Loslassen und »ins Vertrauen gehen« gesprochen, ohne dass jemand eigentlich wirklich eine genaue Anleitung dafür liefern könnte, wie das eigentlich geht. Loslassen im Sinne von Vergessen ist für den Loslasser fast unmöglich, für Dualseelen vollkommen unrealistisch, weil sie zusammengehören. Sie sind schon eins und können sich somit auch nicht vergessen. Die erfolglosen Versuche von Loslassern zu vergessen führen dazu, dass sie das Wort »Loslassen« beginnen zu verabscheuen und es durchweg negativ sehen.

Bedenken wir aber einmal, dass das Resonanzgesetz in Dualseelenbeziehungen genauso wenig außer Kraft gesetzt wird wie überall sonst, muss auffallen, dass ein Verdrängen und Vergessen der gefühlten Liebe gar nicht zum Erfolg führen kann. Denn wer Liebe will, muss sie erst einmal aussenden. Unumstritten ist die Dualseele der beste verfügbare Spiegel. Und fehlt dem Loslasser etwas, sollte er es in erster Linie von sich selbst erwarten. Fehlt also die Aufmerksamkeit des Gefühlsklärers, bedeutet dies, dass die Aufmerksamkeit der eigenen Person des Loslassers sich selbst gegenüber fehlt und er dies schnellstmöglich beheben sollte, damit es ihm nicht mehr gespiegelt werden kann. Zeitgleich ist es aber wichtig, dem Gefühlsklärer weiterhin Liebe zu senden.

Dies führt nun dazu, dass ein Vergessen nicht möglich ist. Der Loslasser heißt nun aber trotzdem zu recht so, denn das eigentliche und wirkliche Loslassen geschieht anders, als es so viele denken: Der Loslasser muss lernen, die Kontrolle abzugeben, dem Gefühlsklärer zu vertrauen, dass dieser schon alleine zu seinen Ergebnissen und Erfahrungen finden und den richtigen Weg wählen wird. Hier bilden Loslassen und ins Vertrauen gehen gemeinsam ein sinnvolles Ganzes.

Der Loslasser weiß genauso wenig wie der Gefühlsklärer, was in der Situation richtig und falsch ist. Beide haben ein Anrecht auf ihren ureigenen Weg, den sie alleine gehen müssen. Sie üben hier schon einmal für eine Beziehung, die aufgrund ihrer Unterschiedlichkeit nur so funktionieren wird: Die Freiheit lassen, das zu erfahren, was man erfahren will und muss, und dabei jede Sekunde neu zu entscheiden, dass man den Partner liebt und diesen Weg begleiten will.

Loslasser dürfen sich nicht einreden lassen, dass sie vergessen und verdrängen müssen. Denn dies lässt die Einzigartigkeit der Dualseelenbeziehung gar nicht zu.

Ist diese Erkenntnis da, kommt es für die folgende notwendige Entwicklung erst einmal zur nächsten Phase, bevor über eine Beziehung geredet wird.

Das Leben im Hier und Jetzt ist schön ... ... oder: Warum habe ich das nicht vorher gewusst?

In den meisten Dualseelenbeziehungen kommt es an diesem Punkt zu einem kompletten Bruch. Nur wenige halten in dieser Phase den Kontakt. Entweder ist der Loslasser zu verletzt und versucht zu verdrängen, oder der Gefühlsklärer hat begriffen, dass verdrängen nicht mehr ausreicht und rennt so schnell es geht davon.

Die entscheidenden Entwicklungen finden hier ohne den jeweils anderen statt, was wichtig ist, um am Ende gut gerüstet in eine wie auch immer geartete Beziehung gehen zu können.

Der Loslasser befindet sich im Idealfall auf dem Weg zur Eigenliebe, ist stolz darauf, einen Menschen gefunden zu haben, den er so liebt wie den Gefühlsklärer und dankbar dafür. Er gibt die Kontrolle ab, lebt im Hier und Jetzt und schließt auch nicht mehr aus, dass es einen Plan B geben kann, der Plan A – den Gefühlsklärer – ersetzt. Irgendwann einmal. Der Loslasser hat verstanden, dass er für sich selbst sorgen muss, sich selbst das Leben schön und interessant gestalten sollte und seine Liebe zum Gefühlsklärer als Gegebenheit annehmen muss. Er liebt nun ohne Erwartungen, weil er sich diese selbst erfüllt – er kann nun bedingungslos lieben.

Nun kann die Resonanz eintreten, die sich der Loslasser immer gewünscht hat: Der Gefühlsklärer spürt, dass der Loslasser gut ohne ihn lebt. Er ist gezwungen, seine Mauern komplett fallen zu lassen, weil er weiß, dass alles andere nicht funktionieren wird. Immerhin hat er das ja auch schon versucht.

In dieser Situation bieten sich dem Gefühlsklärer nur noch Alternativen, die gefährlich sind. Er kann sich nur noch durch exzessives Verhalten genug von seinen Gefühlen ablenken und diese unterdrücken. Alkohol, Drogen oder andere Mittel und Wege der kurzzeitigen Betäubung sind für ihn hier vielleicht eine Möglichkeit. Und die Angst vor Verletzungen und der Tiefe der Liebe lassen nicht wenige in diese Falle tappen. Das Leben schickt dem Gefühlsklärer hier scheinbar die volle Breitseite.

Für den Loslasser ist es, sollte er in Kontakt mit dem Gefühlsklärer stehen oder über Bekannte oder Freunde etwas von ihm hören, nicht einfach zu akzeptieren, dass er in diesen Heilungsprozess keinesfalls eingreifen darf. Er kann sich als Freund anbieten, als Gesprächspartner oder Stütze, aber nicht als Heiler im Sinne von: »Ach, was soll´s? Haben wir dann eben mal eine Affäre.«

Die möglichen Fallen in dieser Phase sind vielfältig. Einerseits kann man den anderen nicht leiden sehen, weiß man doch inzwischen, wo das Problem liegt, und könnte so einfach Abhilfe schaffen. Andererseits ist jeder Schritt des Gefühlsklärers in die richtige Richtung eine Versuchung, wieder in alte Verhaltensmuster zu verfallen. Damit würde das Spielchen erneut beginnen.

Der Gefühlsklärer muss in dieser Situation also entweder bis zur Entziehungskur und dem Verlust seines geordneten Lebens versuchen zu verdrängen oder endlich seine Mauern komplett fallen lassen. Der Loslasser muss im Hier und Jetzt bleiben, sich auf sich selbst konzentrieren und an seinen neuen Werten festhalten. Verhaltensweisen, die beide ihr Leben lang nicht mehr aufgeben werden.

Oftmals ist diese Phase für beide eine besondere Herausforderung, denn der Gefühlsklärer ist körperlich, geistig und seelisch am Limit, während der Loslasser aufgrund der besonderen Verbindung und dem neuen Zugang zu seiner eigenen Gefühlswelt plötzlich die Gefühle des Gefühlsklärers in Einzelheiten wahrnehmen kann.

Hier ist es wichtig, dass der Loslasser sehr gut unterschieden kann, was seine eigenen Gefühle und welche die des Gefühlsklärers sind. Und die sind manches Mal nicht gut für ihn zu ertragen, liebt er diesen Menschen doch und kennt die Lösung. Auch ist es wenig hilfreich, den Gefühlsklärer aus Liebe mit Energie zu versorgen und sich als Batterie zur Verfügung zu stellen, an der er sich aufladen kann. Denn all dies zögert den Schmerz nur heraus. Es ist enorm wichtig, in dieser Situation auf das eigene Bauchgefühl zu hören und sich abzugrenzen. Nur dann kann es auch in eine erfüllte Beziehung gehen.

Liebe hoch zwei …
… oder: Wie konnte ich jemals anders leben?

Es kommt der Punkt, an dem der Gefühlsklärer kapituliert und der Loslasser sich selbst genug liebt. Dies ist der Punkt, an dem sich beide wiedertreffen, offen reden können und eine Beziehung miteinander eingehen.

Man sollte nicht immer davon ausgehen, dass eine Dualseelenbeziehung eine partnerschaftliche Beziehung sein muss. Es kann auch eine sehr enge Freundschaft sein. In jedem Fall aber ist es eine Verbindung, die beiden eine nie gekannte und bedingungslose Liebe bietet, in die sie sich fallenlassen und auf den anderen verlassen können.

Wer jedoch denkt, dass nun alles Friede, Freude, Eierkuchen ist und unter dem Ganzen der Satz steht »Und sie lebten glücklich bis an ihr Lebensende«, der liegt falsch. Es gilt erst einmal, diese Gefühle auszuhalten, denn es ist nicht leicht, eine bedingungslose Liebe hoch zwei zu fühlen. Beide fühlen ihre eigene Liebe zum anderen und oben drauf die Liebe des anderen zu sich. Ein oftmals sehr beängstigendes Gefühl, wenn den Beteiligten die Macht klar wird, die dies beinhaltet.

Es ist auch nicht einfach, dieses Gefühl zu halten, in der eigenen Mitte und der des anderen angekommen zu sein. Jede Abweichung löst Angst aus, dies wieder zu verlieren oder verletzt zu werden.

Die gelebte Dualseelenbeziehung erfordert es, den anderen vollkommen freizulassen und sich selbst jeden Tag aufs Neue dafür zu entscheiden. Gelingt dies, ist diese Beziehung auch für die Umgebung ein wahrer Segen.

Beide haben nun jedoch gelernt, worauf es ankommt und sind in der Lage, die neu erlernten Mittel gezielt einzusetzen.

Man könnte nun meinen, der Loslasser hätte in all dem den schwierigeren Job gemeistert, doch die eigentliche Arbeit des Gefühlsklärers beginnt nun, denn er befindet sich noch in den Kinderschuhen, was seine Spiritualität angeht, während der Loslasser alle Facetten kennenlernen durfte auf seinem Weg zur Eigenliebe. Und nicht nur das: Meist hat der Gefühlsklärer mit körperlichen Beschwerden zu kämpfen, die aus seiner über lange Zeit aufrecht erhaltenen massiven Verdrängung resultieren. Da das Herzchakra blockiert wurde, sind Herzerkrankungen oftmals das Resultat. Die Aufgabe der Mauern in Bezug auf den Loslasser hat vielleicht das schwerwiegendste Problem beseitigt, doch müssen alte Verletzungen durchlebt werden, die der Gefühlsklärer immer noch in sich trägt und nicht herauslassen will. Und sollte er ein Mittel wie Alkohol oder Drogen zur Verdrängung genutzt haben, stehen vielleicht noch Abhängigkeiten im Raum.

Sicher ist jedoch, dass es zwischen beiden nicht langweilig wird und sie sich – wenn sie sich an die gemachten Erkenntnisse halten – gegenseitig auf ihrem Weg helfen können. Denn nun ist es ein gemeinsamer geworden.

Aus dem Klammerer wird der Loslasser …
… oder: Warum soll ich etwas hergeben, was ich doch will?

Der beschriebene Weg in der Dualseelenbeziehung klingt in der Theorie sehr einfach und für Außenstehende leicht umsetzbar. Dann lässt der Loslasser eben die Gefühlsklärer gehen und schon ist er mit ihm in einer Beziehung.

Doch so einfach ist es nicht, denn das Thema »Loslassen« ist wohl eins der schwierigsten in der gesamten Entwicklung eines Menschen, weil es für das Gehirn nicht nachvollziehbar und paradox ist. Man möchte etwas haben, also muss man es hergeben. Unlogisch, ungewiss im Ausgang und unbefriedigend. Weiß man doch nicht wirklich sicher, dass das Objekt der Begierde wirklich zurückkommt. Da helfen auch Sprüche wie »Was du liebst, lass los. Kommt es zu dir zurück, darfst du es für immer behalten!« nicht wirklich.

Viele Bücher sind zu diesem Thema geschrieben worden, die meisten wenig allgemeingültig. Und auch die Anweisungen, die verschiedene Lebensberater dazu geben, sind eher schwammig und wenig nachvollziehbar.

Es ist also notwendig, dem Thema auf den Grund zu gehen und es ausführlich zu besprechen.

Beim Loslassen gelten alle universellen Regeln weiter. Dies ist eine Grundvoraussetzung, um sich dem Thema in der richtigen Weise zu nähern. Nichts, was in allen anderen Lebensbereichen seine Gültigkeit hat, ist hier außer Kraft gesetzt. Somit gilt hier immer noch das Resonanzgesetz und das Gesetz der Anziehung.

»Wie es in den Wald schallt, so schallt es auch wieder heraus.« Eine wichtige Regel, die in unserem Leben einfach zu wenig Beachtung findet. Im Dualseelenprozess könnte man jetzt meinen, dass das die ganze Sache doch enorm vereinfachen müsste, denn wenn der eine klammert, sollte der andere es auch tun. Leider kommt es nicht auf unsere Handlungen an, sondern auf unsere Motivation hinter den Handlungen. Für Außenstehende mögen unsere Handlungen vollkommen gleich aussehen, ob sie nun mit Liebe und Respekt oder aus Angst geschehen. Doch für uns selber macht es einen riesigen Unterschied aus.

Der Loslasser, der in dem Moment noch ein Klammerer ist, handelt aus purer Angst, den geliebten Menschen zu verlieren. Er will ihn festhalten, nicht wieder aus seinem Leben entlassen und ihm möglichst wenig Freiheit geben, sich in irgendeine Richtung zu entwickeln, denn die könnte ja zu einer Entfernung führen. Der Gefühlsklärer reagiert verstärkt nun als Resonanz darauf mit Angst. Angst vor Verletzung, die zu einer weiteren Entfernung vom Loslasser führt. Beide erreichen damit genau das, was für sie wenig gut ist.

Also Loslasser muss man sich somit die Frage stellen, aus welchen Beweggründen heraus man so handelt, wie man es tut. Wäre das Loslassen ein Prozess des Verdrängens und Vergessens, wäre es vielleicht noch einfach. Doch da Dualseelenbeziehungen immer wieder auf die Beteiligten zurückkommen, besteht die einzige Alternative darin, den Gefühlsklärer weiter zu lieben. Wenn der Loslasser Liebe aussendet, wird er sie zurückbekommen. Das heißt, er muss weiter lieben, aber trotzdem dem Gefühlsklärer die Freiheit schenken.

Fast unlösbar. Doch befasst man sich mit dem Charakter der Liebe, wird klar, dass Liebe gar nicht anders kann, als dem geliebten Menschen die Freiheit zu geben, der zu sein, der er ist. Es ist also wichtig, sich klarzumachen, was man da eigentlich empfindet. Denn es ist immer so, dass unser Gehirn einen Cocktail aus unterschiedlichsten Bestandteilen bildet. In diesem Fall kommen folgende »Inhaltsstoffe« zusammen:

- Liebe zur Dualseele, für sich alleine gesehen völlig unproblematisch, weil dies ein durchweg positives Gefühl ist, das der Loslasser auch gespiegelt bekommen möchte.
- Attraktivität, die vielleicht erst verspätet bewusst wird, dennoch vorhanden ist. Es besteht der Wunsch, die Anziehung auch zu leben.
- Mangelhafte Eigenliebe, die dazu führt, dass das Gehirn die Lösung zuerst im Außen sucht, um diesen Mangel zu beheben. Unser Gehirn wählt immer den einfachen Weg, um unnötige Risiken und Kräfteverschwendung zu vermeiden. Und liebt man sich selbst nicht, wird eben ein passender Mensch gesucht, der den Ausgleich wiederherstellt.
- Prägungen, die vermitteln, dass man es nicht wert ist, geliebt zu werden, die wiederum dazu führen, dass das Außen diese Einstellung wiederspiegelt.

- Erlerntes Leistungsprinzip, das zum Glaubenssatz führt, dass Liebe nur durch Leistung erreicht werden kann.

Aus all diesen Komponenten – und vielleicht noch weiteren – macht das Gehirn nun einen wilden Mix, den der Loslasser als EIN Gefühl wahrnimmt: tiefe, nie dagewesene Liebe.

Betrachtet man aber die einzelnen Komponenten daraufhin, ob sie für Dualseelenbeziehung förderlich sind oder diese verhindern, wird man sehr schnell feststellen, dass nur eine einzige übrigbleibt, die man so stehenlassen kann: die Liebe.

Nun werden die Aufgaben klar, die dem Loslasser bevorstehen, bevor er wirklich loslassen kann. Er wird an jedem einzelnen Punkt arbeiten und so den Weg ebnen müssen, um mit dem Gefühlsklärer eine harmonische Beziehung zu führen.

Warum das Aufgabe des Loslassers ist? Nun, der Gefühlsklärer verdrängt einfach noch und ist sich des Problems nicht bewusst. Also besteht keine Notwendigkeit für ihn, etwas zu unternehmen.

Von den fünf »Zutaten« des Cocktails sind nun also vier übrig geblieben: Attraktivität, mangelnde Eigenliebe, Prägungen und Leistungsprinzip. Jede einzelne muss nun abgearbeitet und aufgelöst werden.

Attraktivität

Vielleicht ist der Gefühlsklärer zu diesem Zeitpunkt der einzige Mensch, der dem Loslasser derartig attraktiv erscheint, dass er sich auch auf eine körperliche Beziehung mit ihm einlassen würde, aber aus dem bisher gelebten Leben weiß jeder Loslasser, dass es häufiger Menschen geben wird, die attraktiv sind. Es ist klar, dass der Gefühlsklärer in diesem Punkt nicht einzigartig ist. Es reicht oftmals schon, sich dies bewusst zu machen und nach attraktiven Menschen Ausschau zu halten. Da der Gefühlsklärer in den meisten Fällen auch nicht wirklich der Traum des Loslassers ist, was das Äußere angeht, fällt die Klärung dieses Problems meist sehr leicht. Denn durch Prägungen hat unser Gehirn meist eine genaue Vorstellung vom perfekten Partner, die aber leider nie mit dem Bild übereinstimmt, das sich die Seele gemacht hat beziehungsweise das die Seele seit Beginn der Inkarnation in sich trägt.

Leistungsprinzip

Die meisten Loslasser sind damit aufgewachsen, dass Liebe immer an das Erreichen bestimmter Vorgaben geknüpft war. Sie haben aber auch festgestellt, dass Liebe nie von Dauer war und sie immer wieder leisten mussten, um geliebt zu werden. Damit sind nicht alle Loslasser gleich Kinder von Rabeneltern. Es ist durchaus so, dass sie geliebt worden sind. Doch wurde oftmals Liebesentzug als Strafe eingesetzt oder Liebe wurde nicht deutlich gezeigt. Wohlverhalten löste jedoch eine Liebesflut aus oder zumindest eine Reaktion, die Liebe signalisierte.

Der Loslasser hatte wenig emotionale Stabilität, zumindest nie genug Sicherheit, dass Liebe etwas Beständiges ist. Und mit zunehmendem Alter wurden immer andere Menschen als Ersatz für die Eltern herangezogen. Freunde, Partner, Vorgesetzte ... Die Liste lässt sich sicher weiter fortsetzen.

Doch wenn Loslasser ehrlich sind, haben sie nie erreicht, was sie sich gewünscht haben, in manchen Fällen sogar genau das zurückgewiesen, denn mit bedingungsloser Liebe sind Loslasser im Regelfall überfordert. Jemand, der nichts für seine Liebe haben möchte, verunsichert zutiefst, denn was kann eine Liebe wert sein, die nichts fordert?

Und so müssen Loslasser lernen, dass sie für wirklich tiefe Liebe nichts tun müssen. Ihre Erfolglosigkeit im Erreichen bedingungsloser Liebe trotz Höchstleistungen sollte ihnen hierzu Hinweis genug sein. Denn gerade beim Aufeinandertreffen mit ihrer Dualseele haben sie sich ausgepowert und erkannt, dass es nichts, aber auch wirklich gar nichts mehr gibt, das sie noch tun könnten.

Es ist wichtig, diese Erkenntnis zumindest geistig zu erfassen, wenn man auch zu diesem Zeitpunkt wahrscheinlich noch nicht in der Lage sein wird, sie auch gefühlsmäßig zu begreifen.

Prägungen

Ähnlich verhält es sich mit Prägungen, die in den meisten Fällen so normal sind, dass sie kaum wahrgenommen werden können, geschweige denn ihr Ursprung festgestellt werden kann.

Doch leider ist es so, dass die ein Großteil der Menschheit der Überzeugung ist, es nicht wert zu sein, geliebt zu werden. Bei manch übergroßem Ego kaum vorstellbar, dennoch ist es so. Denn ein nach außen selbstbewusster wirkender Mensch muss nicht immer daran glauben, dass er es wert ist, geliebt zu werden.

Unsere derzeit allgemein anerkannten Erziehungsmethoden, die Prägungen unserer Eltern, die sie wiederum von ihren Eltern übernommen haben, und die Gesellschaft lassen Eigenliebe nur sehr bedingt zu. Wir wachsen auf mit Sätzen wie »Eigenlob stinkt« und einer Mentalität, in der Bescheidenheit das höchste Gut ist. Uns werden immer wieder unsere Fehler unter die Nase gerieben, aber Lob bekommen wir selten. Selbst wenn das Lob überwiegt, können nur die wenigsten Menschen von sich behaupten, dass sie rundherum von ihren Eltern so akzeptiert wurden, wie sie als Kind waren. Wir haben eben immer festgestellt, dass wir so, wie wir sind, nicht genug sind.

Liebe ist aber genau das: Den anderen so annehmen und lassen, wie er ist.

Es ist sicherlich nicht Ziel der Aktion, Millionen von kleinen Egomanen zu produzieren, jedoch würde es keinen Krieg in dieser Welt geben, wenn Menschen mit sich selbst glücklich wären und sich als wertvoll genug ansehen würden, geliebt zu werden.

Der Loslasser muss sich nun in dieser Situation fragen, welche Prägungen er selbst mitbekommen hat und warum er sich selbst nicht in ausreichendem Maße liebt. Er muss herausfinden, was dazu geführt hat, dass er bereit ist, sich selbst bis zu einem Punkt zu erniedrigen, um den Gefühlsklärer von sich zu überzeugen, so dass er sich schon nicht mehr mit seinem eigenen Verhalten wohlfühlen kann.

Es ist hier immer gut, zurück in die Kindheit zu gehen und sich zu fragen, ob man sich der Liebe der Eltern sicher war, wann man besonders viele Liebesbekundungen erhalten hat und welche Standardsätze einem mit schöner Regelmäßigkeit eingebläut wurden.

Ist man sich der Prägungen bewusst, kann man damit beginnen, sich neue Glaubenssätze anzueignen. Denn unser Gehirn ist wie ein Computer, der einfach zu überzeugen ist. Es wird zwar nicht reichen, einen wirklich manifestierten Glaubenssatz durch einen einzigen gegenteiligen Gedanken zu löschen, doch gibt es hier diverse Methoden wie die Arbeit mit Mantras, die hilfreich sind und nach dem Motto »Steter Tropfen höhlt den Stein« funktionieren.

Eigenliebe

Die Eigenliebe ist ein Thema, das uns unser gesamtes Leben begleitet hat und weiterhin begleiten wird. Bevor man sich hier der Arbeit mit sich selbst widmet, ist es von wesentlicher Bedeutung, sich darüber bewusst zu werden, was Liebe eigentlich ist und dass es keinen Unterschied macht, ob wir von Eigenliebe oder Nächstenliebe reden.

Das Wesen der Liebe

Bevor wir uns mit den weiteren Bereichen beschäftigen, ist es unerlässlich, das Wort »Liebe« zu definieren. Wir brauchen einen gemeinsamen Ausgangspunkt, um überhaupt einen Weg zu diesem Ziel finden zu können.

Zu diesem Zweck möchte ich zwei weise Texte zitieren, einer davon allseits bekannt und besonders beliebt als Lesung bei kirchlichen Hochzeiten, der andere zwar unbekannter, trotzdem inhaltlich mindestens genauso wahr.

In der Bibel finden wir im 1. Korinther - Kapitel 13:

Das Hohelied der Liebe

Wenn ich mit Menschen- und mit Engelzungen redete, und hätte der Liebe nicht, so wäre ich ein tönend Erz oder eine klingende Schelle.
Und wenn ich weissagen könnte und wüsste alle Geheimnisse und alle Erkenntnis und hätte allen Glauben, also dass ich Berge versetzte, und hätte der Liebe nicht, so wäre ich nichts.
Und wenn ich alle meine Habe den Armen gäbe und ließe meinen Leib brennen, und hätte der Liebe nicht, so wäre mir's nichts nütze.
Die Liebe ist langmütig und freundlich, die Liebe eifert nicht, die Liebe treibt nicht Mutwillen, sie blähet sich nicht,
sie stellet sich nicht ungebärdig, sie suchet nicht das Ihre,
sie lässt sich nicht erbittern, sie rechnet das Böse nicht zu,
sie freut sich nicht der Ungerechtigkeit, sie freut sich aber der Wahrheit;
sie verträgt alles, sie glaubet alles, sie hoffet alles, sie duldet alles.

Die Liebe höret nimmer auf, so doch die Weissagungen aufhören werden und die Sprachen aufhören werden und die Erkenntnis aufhören wird.
Denn unser Wissen ist Stückwerk, und unser Weissagen ist Stückwerk.
Wenn aber kommen wird das Vollkommene, so wird das Stückwerk aufhören.
Da ich ein Kind war, da redete ich wie ein Kind und war klug wie ein Kind und hatte kindische Anschläge; da ich aber ein Mann ward, tat ich ab, was kindisch war.
Wir sehen jetzt durch einen Spiegel in einem dunkeln Wort; dann aber von Angesicht zu Angesicht. Jetzt erkenne ich's stückweise; dann aber werde ich erkennen, gleichwie ich erkannt bin.
Nun aber bleibt Glaube, Hoffnung, Liebe, diese drei; aber die Liebe ist die größte unter ihnen.

Fassen wir einmal die grundlegenden Eigenschaften der Liebe nach diesem Bibelzitat zusammen. Demnach ist Liebe:

- ein unverzichtbarer Bestandteil des Menschen beim Erreichen der Vollständigkeit und Fülle
- langmütig
- freundlich
- nicht eifernd
- nicht mutwillig
- nicht geltungsbedürftig
- bedingungslos
- unmöglich in ihr Gegenteil umzukehren
- vergebend

- wahrheitsliebend
- alles ertragend
- endlos
- vollkommen
- größer als Glaube und Hoffnung

Dieser so beliebte Text gibt uns hier eine Checkliste und eine Definition an die Hand, mit der wir eine erste Basis für uns geschaffen haben.

Nun kommen wir aber zu einem eher modernen Text, der uns das Wesen der Liebe meines Erachtens nach sehr gut schildert. Sandy Stevenson hat einen Text veröffentlicht, der als Anleitung zum richtigen Lieben gelten kann. Hierin finden wir eine eher praktische Beschreibung, die sich – nicht zuletzt aufgrund der hier verwendeten Sprache – sehr gut in unser heutiges Leben einfügt.

BEDINGUNGSLOSE LIEBE
LIEBE OHNE BEDINGUNGEN

ICH LIEBE DICH WIE DU BIST, WÄHREND DU AUF DER SUCHE BIST NACH DEINER EIGENEN BESONDEREN ART, MIT DER WELT UM DICH HERUM IN BEZIEHUNG ZU TRETEN. ICH EHRE DEINE ENTSCHEIDUNGEN, AUF WELCHE WEISE DU DEINE LEKTIONEN LERNEN MÖCHTEST.

ICH WEIß, DAß ES WICHTIG IST, DAß DU GENAU DER MENSCH BIST, DER DU SEIN MÖCHTEST, UND NICHT DER, DEN ICH ODER ANDERE ERWARTEN. ES IST MIR KLAR, DAß ICH NICHT WEIß, WAS FÜR DICH DAS BESTE IST, OBWOHL ICH VIELLEICHT MANCHMAL MEINE, ES ZU WISSEN. ICH

WAR NICHT DORT, WO DU WARST, UND ICH HABE DAS LEBEN NICHT AUS DEINEM BLICKWINKEL GESEHEN. ICH WEIß NICHT, WELCHE LERNAUFGABEN DU DIR AUSGESUCHT HAST, NOCH WIE ODER MIT WEM DU SIE LÖSEN MÖCHTEST, NOCH WELCHE ZEITSPANNE DU DIR DAFÜR VORGENOMMEN HAST. ICH HABE NICHT AUS DEINEN AUGEN GEBLICKT, WIE KÖNNTE ICH ALSO WISSEN, WAS DU BENÖTIGST.

ICH LASSE DICH DURCH DIE WELT GEHEN, OHNE DEINE HANDLUNGEN IN GEDANKEN ODER WORTEN ZU BEURTEILEN. DIE DINGE, DIE DU SAGST ODER TUST, BETRACHTE ICH NICHT ALS IRRTUM ODER FEHLER. VON MEINEM PUNKT AUS SEHE ICH, DAß ES VIELERLEI MÖGLICHKEITEN GIBT, DIE VERSCHIEDENEN SEITEN UNSERER WELT ZU BETRACHTEN UND ZU ERFAHREN. ICH AKZEPTIERE RÜCKHALTLOS JEDE DEINER ENTSCHEIDUNGEN IN JEDEM BELIEBIGEN AUGENBLICK. ICH FÄLLE KEINERLEI URTEIL, DENN WENN ICH DIR DEIN RECHT AUF DEINE ENTWICKLUNG ABSPRÄCHE, SO WÜRDE ICH DAMIT DASSELBE AUCH MIR UND ALLEN ANDEREN ABSPRECHEN.

JENEN, DIE EINEN ANDEREN WEG WÄHLEN ALS ICH, AUF DEN ICH VIELLEICHT NICHT MEINE KRAFT UND ENERGIE LENKEN WÜRDE, WERDE ICH DOCH NIEMALS DIE LIEBE VERWEIGERN, DIE GOTT IN MICH GESENKT HAT, DAMIT ICH SIE DER GANZEN SCHÖPFUNG SCHENKE. WIE ICH DICH LIEBE, SO WERDE AUCH ICH GELIEBT. WAS ICH SÄE, DAS WERDE ICH ERNTEN.

ICH GESTEHE DIR DAS UNIVERSALE RECHT AUF FREIE ENTSCHEIDUNG ZU, DEINEN EIGENEN PFAD ZU WANDELN UND VORANZUSCHREITEN ODER EINE WEILE AUSZURUHEN, JE NACH DEM WAS FÜR DICH GERADE DAS RICHTIGE

IST. ICH WERDE MIR KEIN URTEIL ERLAUBEN, OB DIESE SCHRITTE GROß ODER KLEIN SIND, LEICHT ODER SCHWER, AUFWÄRTS ODER ABWÄRTS FÜHREN, DENN DAS WÄRE NUR MEINE EIGENE SICHTWEISE. ES KÖNNTE SEIN, DAß ICH DICH TATENLOS SEHE UND DIES FÜR WERTLOS HALTE, UND DOCH KÖNNTE ES SEIN, DAß DU GROßEN BALSAM IN DIE WELT BRINGST WIE DU SO DASTEHST, GESEGNET VOM LICHTE GOTTES. NICHT IMMER KANN ICH DAS GRÖßERE BILD DERGÖTTLICHEN ORDNUNG SEHEN.

DENN ES IST DAS UNVERÄUßERBARE RECHT ALLER LEBENSSTRÖME, IHRE EIGENE ENTWICKLUNG SELBST ZU WÄHLEN, UND ICH ANERKENNE VOLL LIEBE DEIN RECHT, DEINE ZUKUNFT SELBST ZU BESTIMMEN. IN DEMUT BEUGE ICH MICH DER ERKENNTNIS, DAß DAS, WAS ICH FÜR MICH ALS DAS BESTE EMPFINDE, NICHT BEDEUTET, DAß ES AUCH FÜR DICH DAS RICHTIGE SEIN MUß. ICH WEIß, DAß DU GENAUSO GELEITET WIRST WIE ICH UND DEM INNEREN DRANG FOLGST, DER DICH DEINEN PFAD ERKENNEN LÄSST.

ICH WEIß, DAß DIE VIELEN RASSEN, RELIGIONEN, SITTEN, NATIONALITÄTEN UND GLAUBENSSYSTEME IN UNSERER WELT UNS GROßEN REICHTUM BESCHEREN UND UNS AUS SOLCHER VIELHEIT GROßEN NUTZEN UND VIELE LEHREN ZIEHEN LASSEN. ICH WEIß, DAß WIR JEDER AUF EINMALIGE WEISE LERNEN, WIE WIR LIEBE UND WEISHEIT ZU DEM GROßEN GANZEN ZURÜCKBRINGEN KÖNNEN. ICH WEIß, DAß - WENN ETWAS NUR AUF EINE ART GETAN WERDEN KÖNNTE - ES HIERZU NUR EINES MENSCHEN BEDÜRFTE.

ICH WILL DICH NICHT NUR DANN LIEBEN, WENN DU DICH SO VERHÄLTST, WIE ES MEINER VORSTELLUNG ENT-

SPRICHT UND WENN DU AN DIE GLEICHEN DINGE GLAUBST WIE ICH. ICH BEGREIFE, DAß DU IN WAHRHEIT MEIN BRUDER, MEINE SCHWESTER BIST, AUCH WENN DU AN EINEM ANDEREN ORT GEBOREN WURDEST UND AN EINEN ANDEREN GOTT GLAUBST ALS ICH.

DIE LIEBE, DIE ICH FÜHLE, GILT DER GANZEN WELT GOTTES. ICH WEIß, DAß JEDES LEBENDE DING EIN TEIL GOTTES IST, UND TIEF DRINNEN HEGE ICH LIEBE FÜR JEDEN MENSCHEN, JEDES TIER, JEDEN BAUM UND JEDE BLUME, FÜR JEDEN VOGEL, JEDEN FLUß UND JEDEN OZEAN UND FÜR ALLE GESCHÖPFE IN ALLER WELT. ICH VERBRINGE MEIN LEBEN IN LIEBENDEM DIENST UND BIN DABEI DAS BESTE ICH, DAS ICH SEIN KANN, UND ICH VERSTEHE DIE VOLLKOMMENHEIT GÖTTLICHER WAHRHEIT IMMER EIN BIßCHEN MEHR UND WERDE IMMER GLÜCKLICHER IN DER HEITERKEIT

(*Quelle: Sandy Stevenson*)

Was Sandy Stevenson hier beschreibt, ist ein Gefühl, dass alles Lebendige genauso respektiert, wie es ist. Liebe nach diesem Text ist:

- vollständige Akzeptanz und Respekt für jeden Weg und jede Entscheidung eines jeden Lebewesens
- Wissen um die Einzigartigkeit jedes Lebewesens
- vollkommene Urteilsfreiheit
- Unabhängigkeit von Wesen, Art, Religion und Verhalten
- Vertrauen auf die göttliche Ordnung

- Bewusstheit über Verbundenheit und deren Notwendigkeit
- Gleichheit der Liebe zu allen Lebewesen und zu sich selbst
- Glück

Gehen wir in den folgenden Kapiteln von diesen Definitionen für den Begriff der Liebe aus.

Liebe oder Sehnsucht?

Vom Moment unserer Zeugung an geht es bei uns um die Liebe. Doch ist es keine bedingungslose Liebe laut unserer Definition. Denn es geht vorrangig um unser Überleben, also um reinen Selbstzweck. Auch die sehr alte Lehre der Kabbala geht davon aus, dass der Mensch bei seiner Inkarnation aus der absoluten Liebe in ein Dasein fällt, das aus Egoismus besteht. Wir leben in einer Box, in der wir nur uns selbst wahrnehmen können. Nur die Überwindung dieses Zustands durch Geben kann den Blick auf das wahre Wesen des Universums, die Liebe, freilegen und unsere Sehnsucht nach der Liebe, die wir vor der Inkarnation erfahren haben und die noch immer in uns vorhanden ist, stillen.

Doch in der Kindheit geht es erst einmal nur darum, unser Leben dadurch zu sichern, dass wir genug zu essen, zu trinken bekommen und Zuwendung erfahren. Liebe garantiert einem Kind dieses Überleben. Bekommt es diese nicht, reicht auch Aufmerksamkeit, und sei es eine negative. Unser Instinkt sagt uns also, dass Liebe uns absichert. Eine Prägung, die uns in unserem Leben immer weiter verfolgen wird. Sind wir anfangs auf unsere Eltern und enge Familie fokussiert, kommen später Freunde und Kollegen hinzu. Zudem bekommen wir in schöner Regelmäßigkeit mitgeteilt, dass ein erstrebenswertes Ziel die romantische, perfekte Liebe zu einem Partner ist. Angefangen bei Grimms Märchen, Barbie und Ken und Cinderella bis hin zu »Titanic« wird uns immer wieder vor Augen geführt, dass Grundlage unseres Glücks die absolute und erwiderte Liebe zu einem Partner ist. Also geben wir auch unser Bestes, um diese zu erreichen und suchen im Außen.

Zudem hat unsere Seele nie das Gefühl vergessen, das sie vor der Inkarnation erfahren hat: bedingungslose, allumfassende Liebe. Unsere Seele sehnt sich danach, wieder in diesen Zustand zurückzukehren. Diese Sehnsucht richtet sich im Äußeren auf das, was unser Verstand daraus macht: eine liebevolle Partnerschaft, auf die wir »programmiert« wurden.

Nun versuchen wir mit all unseren Prägungen den Menschen zu finden, der für uns bestimmt ist, der uns bedingungslos liebt und unser Leben perfekt macht. Dabei vermengen wir gleich mehrere Gefühle, die wir dann für Liebe halten: Ausgleich eines eigenen Mangels durch unseren Partner, Sympathie oder Verliebtheit in sie oder ihn, Übereinstimmung der Eigenschaften unseres Partners mit erlernten Vorgaben unserer Kindheit, Attraktivität, körperliche Bedürfnisse und die generelle Sehnsucht.

Würden wir dieses Komplettpaket aufspalten und analysieren – vorausgesetzt wir können diese Gefühle differenziert empfinden – würden wir meist zu dem Ergebnis kommen, dass es sich keinesfalls um die bedingungslose

Liebe, die wir eigentlich erstreben, handelt und uns viel Leid ersparen. Aber auch wenn wir unseren Partner bedingungslos und absolut lieben, muss es sich noch nicht um den für uns bestimmten Menschen handeln. Denn auch hier spielen wieder alle anderen Aspekte eine Rolle. Ein Garant für eine andauernde, bedingungslose Liebe voller Glück kann also nur sein, dass wir lieben, uns nach genau diesem Menschen sehnen und genau ihn oder sie körperlich attraktiv finden und eine Vereinigung auf körperlicher und seelischer Ebene wünschen.

Die Frage, die wir uns also immer stellen sollten, ist:

LIEBE ICH GENAU DIESEN MENSCHEN UND SEHNE MICH NACH IHR ODER IHM ODER VERMISCHE ICH LIEBE MIT EINER GENERELLEN SEHNSUCHT?

Liebe zu uns selbst

Ein Thema, das noch in der Generation vor unserer sehr unterschätzt wurde, ist die Liebe zu uns selbst. Viele von uns sind damit groß geworden, dass es besser ist, sich selbst nicht zu loben, denn »Eigenlob stinkt«. Sätze wie »Bescheidenheit ist eine Tugend« haben unsere Kindheit genauso geprägt wie »Guck mal, die Leute gucken schon«, »Was sollen denn die Leute von dir denken?«, »Das macht man nicht!« oder »Wenn Erwachsene sich unterhalten, darfst du nicht unterbrechen.« All das hat uns gelehrt, dass bestimmte Werte anerkannt und übernommen werden sollten. Da dies unser Überleben sicherte und Wohlverhalten mit Liebe belohnt wurde, haben wir dies auch getan.

Gleichzeitig haben wir als Kinder versucht, das Verhalten unserer Eltern auszugleichen. So sind Kinder starker Raucher oft geradezu militante Nichtraucher. Kinder überordentlicher Mütter werden meist nur mit Mühe Ordnung halten können und war der Vater ein sehr sparsamer Mensch, können viele Kinder auch im späteren Leben nicht mit Geld umgehen. Ausgeglichenheit wird von Kindern immer als erstrebenswertes Ziel angesehen und so sehen sie sich oftmals als Mittel, Extreme der Eltern in eine Balance zu bringen. Hinzu kommt, dass uns Werte vermittelt wurden, die wir als richtig ansehen, weil ihr Erreichen oder ihre Beachtung dafür gesorgt haben, dass wir Aufmerksamkeit bekamen. Nehmen wir als Beispiel ein Schulkind. Die Eltern legen viel Wert auf gute Schulnoten und ein »Befriedigend« ist ein Zeichen von Misserfolg. Bringt das Kind ein »Sehr gut« mit nach Hause, wird es gelobt und bekommt ein Geschenk. Bei einem »Gut« reagieren die Eltern kaum und bei einem »Befriedigend« wird das Kind ausgeschimpft und spürt die Unzufriedenheit der Eltern. Es lernt also, dass Leistung ein Mittel zum Erreichen von Liebe ist.

Hinzu kommen Erfahrungen, die Kinder in ihrem näheren Umfeld machen und die sie prägen. Der Umgang der Eltern untereinander ist ein entscheidender Wert, der von einem Kind kaum angezweifelt wird. Zudem kommen Erfahrungen mit Familienangehörigen, Lehrern, Freunden und so weiter.

All diese Erfahrungen, Prägungen und Werte bestimmen, welche Anteile in uns erwünscht und welche unerwünscht sind. Wir bauen eine Identität auf, die nicht unserer Seele entspricht, sondern so geformt ist, dass das

Überleben gesichert ist. Da diese so aber nicht für gut befunden wurde, ist sie in der logischen Schlussfolgerung auch nicht liebenswert.

Nun wäre all dies nicht weiter tragisch, wenn sich unsere Sicht auf die Geschehnisse in unserem Leben genauso entwickeln würde wie unser Verstand und unser Körper. Denn betrachten wir aus heutiger Sicht eine für uns in der Kindheit schmerzhafte Situation, werden wir die Gründe des Verursachers vermutlich nachvollziehen können. Sind wir von unseren Eltern zum Beispiel mit Hausarrest und Wut bestraft worden, weil wir einmal zu spät nach Hause gekommen sind, obwohl uns eigentlich gar keine Schuld traf, da der Bus Verspätung hatte, fühlten wir uns als Kind falsch verstanden und haben Schmerz über die ungerechte Behandlung empfunden. Aus Sicht des Erwachsenen, der vielleicht selbst Elternteil ist, können wir die Reaktion unserer Eltern damals jedoch sehr gut nachvollziehen und verstehen, dass es sich wahrscheinlich hauptsächlich um Angst davor gehandelt hat, dass dem Kind etwas passiert sein könnte. Leider ist es uns nur begrenzt möglich, prägende Erfahrungen in unser Bewusstsein zu rufen und derart zu verarbeiten. So bleiben die meisten Prägungen für uns weiterhin versteckt und können nicht ins Positive für uns umgewandelt werden. Denn das Verständnis einer Situation kann oft dazu führen, dass wir unsere Sichtweise ändern, der Schmerz endet und wir uns selbst mehr so akzeptieren, wie wir sind.

Gehen wir zurück zu unserer Definition von bedingungsloser Liebe. Diese stellt uns nun vor eine echte Herausforderung, denn wir sollen uns selbst nun genau so akzeptieren, wie wir sind. Alles an uns ist gut so, genau wie es ist.

Alles Geschehene war genau richtig für uns und es gab und gibt nie Fehler, sondern nur Erfahrungen auf unserem Lebensweg. Wir sind genau so viel wert wie jeder andere Mensch auch und wir sind es wert, geliebt zu werden, egal was wir tun oder nicht tun. Dies widerspricht allem, was uns in unserem bisherigen Leben widerfahren ist. Wir mussten erzogen werden, weil wir von Anfang an nicht komplett richtig waren, wir durften nicht so sein, wie wir wollten, weil wir dann keine Liebe bekamen, und geschenkt wurde uns Liebe so einfach schon einmal gar nicht. Wir haben eine lange Liste in unserem Kopf von Dingen, die wir tun oder lassen müssen, und wir verbieten uns bestimmte Verhaltensweisen, weil wir sonst in Disharmonie leben müssten. Wir können uns so also gar nicht selbst lieben. Hauptgrund ist, dass wir uns meistens einfach selbst nicht genug kennen. Die Frage stellt sich, wer eigentlich hinter diesen ganzen Erfahrungen, Prägungen, Werten und Verhaltensweisen zum Ausgleichen steckt. Wer ist der eigentliche Mensch, der viele Anteile von sich selbst abgegeben hat, um Liebe zu erhalten? Wir müssen also, bevor wir uns selbst lieben lernen können, unser eigentliches Selbst hinter einer hohen Wand von Vorgaben freilegen. Erst dann können wir uns fragen, ob wir uns mögen oder vielleicht sogar lieben.

Dieser Weg ist leichter beschrieben als getan, denn dafür müssen wir innerlich unabhängig von anderen Menschen sein. Befinden wir uns in einer Abhängigkeit, wie wir es von unseren Eltern her kennen, werden wir aus Angst vor Ablehnung und Verlust oftmals bevorzugen, den alten Weg weiterzugehen. Wir sollten uns bewusst machen, dass wir erwachsen und unabhängig sind, unser Leben durch nichts gefährdet ist, was wir sind, und dass wir immer und überall genau das erhalten, was wir gerade in unserem Leben brauchen. Dieses Vertrauen will erst einmal begründet werden. Doch mit der Zeit werden wir Glück anstatt Angst über die Neufindung unseres Selbst empfinden. Denn Liebe ist, wie wir gelernt haben, Glück. Es ist dabei wichtig zu bedenken, dass wir in Abhängigkeiten zu anderen nur geraten, weil wir in uns selbst ein Mangelempfinden haben. Dabei sind wir der Überzeugung, dass ein anderer Mensch diesen Mangel ausgleichen kann, was nur bis zu einem bestimmten Grad und auf eine bestimmte Zeit funktionieren kann. Auf Dauer und vollständig können nur wir selbst unser Mangelempfinden ausgleichen und für immer einem Gefühl der Fülle weichen lassen.

Sind wir soweit, dass wir Wahrheiten über uns selbst erkennen, sollten wir lernen, diese zu akzeptieren und zu lieben. Die Liebe zu uns selbst ist, entgegen unserer bisher vertretenen Auffassung, nichts Schlechtes, solange wir die von uns festgelegte Definition beachten. Wir sind nicht besser oder schlechter als andere und wir dürfen genau so sein, wie wir sind, so wie andere dies auch dürfen. Wir dürfen nun getrost Sätze wie »Eigenlob stinkt« vergessen. Es ist sogar unser erklärtes Ziel, stolz auf uns selbst zu sein und unsere positiven Eigenschaften zu kennen. Hierbei ist es wichtig, dass wir unser komplettes Sein mit einbeziehen. Es geht nicht nur um unseren Geist, sondern auch um unseren Körper, der ein Spiegelbild unserer Seele ist. Wir dürfen unser komplettes Sein so annehmen, wie es ist. Dazu sollten wir täglich herausstellen, was wir an uns mögen, vielleicht sogar lieben, was uns an dem betreffenden Tag besonders gut gelungen ist und uns keine Grenzen mehr auferlegen. Wir denken uns von nun an nicht mehr klein, sondern halten alles für uns machbar und möglich. Hilfreich ist es auch, mit einem Mantra oder einer Affirmation zu arbeiten. So können wir zum Beispiel einen Satz wie »Mit jedem Tag bin ich selbstbewusster und liebe mich mehr« nehmen und ihn so oft es geht wiederholen. Aber auch Sätze wie »Ich darf ordentlich sein« oder »Ich darf sparsam sein» können unser Unterbewusstsein davon überzeugen, dass wir nun so sein dürfen, wie wir wirklich sind.

Es gibt eine Vielzahl von unterschiedlichen Methoden auf dem Weg zur Selbstakzeptanz und Selbstliebe. Bei der Wahl kommt es auf die persönlichen Vorlieben genauso an wie auf die Ganzheitlichkeit. Darunter verstehe ich, dass sowohl auf der mentalen wie auch der emotionalen Ebene gearbeitet wird. Viele Wege führen zum erwünschten Ziel. Voraussetzung ist jedoch immer die Bereitschaft, mit sich selbst zu arbeiten und an alte Wunden und Verletzungen zu gehen.

Partnerschaftliche Liebe

Die Suche nach der Liebe unseres Lebens bestimmt bei vielen Menschen den Alltag. Als kleines Mädchen schon träumen wir von der Märchenhochzeit mit dem Prinzen. Wenn wir in die Pubertät kommen und uns unterbewusst klar wird, dass wir uns von unseren Eltern abnabeln und diese nicht mehr »brauchen«, um zu überleben, suchen wir uns ein anderes »Zielobjekt«. Nun kommt es auf unsere bisherigen Prägungen und Werte an, welche potentiellen Partner wir interessant finden. Zusätzlich zum sich bildenden Sexualtrieb, der bestimmte Vorgaben an den passenden Partner hervorbringt und für die Attraktivität zuständig ist, sind diese Dinge dafür verantwortlich, welcher Partner in die engere Wahl kommt.

Doch warum tun wir das? Der vorrangige Grund ist, dass wir innerlich eine Grundsehnsucht nach der in uns tief verankerten Liebe haben, in der wir uns vor unserer Inkarnation befunden haben. Wir kamen aus einer allumfassenden Liebe, die keine Dualität kennt, und befinden uns in einer Welt, in der diese normal ist. Wir suchen also den Part, der uns vervollständigt. Dies sind unsere tieferen Beweggründe. Selbst wenn wir also in einem Zustand der Eigenliebe und mit uns selbst glücklich und unabhängig wären, würde diese Sehnsucht bleiben. Vor dieser Sehnsucht gilt es jedoch, andere Bedürfnisse zu befriedigen, denn wir wuchsen in einem ständigen Mangelbewusstsein auf. Wir sind nicht dick, dünn, hübsch, intelligent, reich oder selbstbewusst genug, benehmen uns nicht perfekt, haben irgendwelche wenig liebenswerten Macken oder Kanten usw. Es gibt also in uns einen unbewussten Wunsch, dass jemand diesen Mangel in uns auffüllt, uns perfekt macht. Anstatt an uns selbst zu arbeiten und unsere Eigenliebe zu perfektionieren, suchen wir wie gewohnt im Außen nach der Lösung. Finden wir nun einen Menschen, der uns bestätigt, dass wir für ihn perfekt sind, ziehen wir von ihm die Energie, die uns fehlt. Im Gegenzug füllen wir meist den bei ihm vorliegenden Mangel. Wir bilden sozusagen eine Bedarfsgemeinschaft, in der jeder dem anderen Energie gibt. Ist diese Quelle versiegt, der Partner nicht mehr bereit, unseren Mangel auszugleichen, oder entwickeln sich beide weiter und der Mangel ist nicht mehr vorhanden oder hat sich verschoben, ist der Nutzen des anderen Menschen nicht mehr vorhanden. Wir »entlieben« uns wieder, weil wir nicht mehr das bekommen, was uns wichtig ist. Wir sagen, dass uns der andere »nichts mehr zu geben« hat.

Während vorhergehende Generationen nach dem Motto gelebt haben, dass Ehen durchzustehen und Scheidungen ein Tabu-Thema sind, sind diese heute an der Tagesordnung. Viele Menschen versuchen dennoch das Unmögliche und suchen, um ihre Beziehung zu retten, den Weg von Beratungen und Kompromissen. Denn immer noch gilt eine gescheiterte Beziehung als Makel. Anstatt einen Menschen als einen Teil des Lebensweges zu sehen und ihn im Guten ziehen zu lassen, sind wir verletzt und sehen uns als Opfer. Doch Kompromisse bedeuten immer nur eine vorübergehende Lösung und sind meist Flickwerk, denn sie gehen einher mit der Tatsache, dass keiner der beiden Parteien seinen Weg des Glücks (weiter) geht. Je mehr Kompromisse für ein »glückliches« Zusammenleben geschlossen werden müssen, desto sicherer ist es, dass die einzelnen Beteiligten unzufriedener mit ihrem Leben werden und auszubrechen versuchen. Denn »ich kann damit leben« ist nicht gleichbedeutend mit »ich bin damit glücklich«. Und Glück sollte unser erklärtes Lebensziel sein.

Je größer unser Mangel an Eigenliebe ist, desto größer die Gefahr, dass eine Beziehung nicht funktioniert. Dies bedeutet im Umkehrschluss aber auch, dass wir, wenn wir uns selbst bedingungslos und uneingeschränkt lieben, in der Lage sind, mit jedem Menschen zusammenzuleben.

Natürlich dürfen wir an dieser Stelle nicht vergessen, dass hier noch die körperliche Anziehung hinzukommen muss, jedoch werden wir, wenn wir uns selbst lieben, den anderen so lassen können, wie er ist, und haben somit, wenn dies bei beiden Partnern der Fall ist, einen Garanten für das dauerhafte Funktionieren unserer Beziehung.

Aber das kann ja nun nicht alles sein, denn viele Menschen erscheinen uns attraktiv und werden trotzdem nicht DER Partner in unserem Leben. Hier kommt hinzu, dass wir vor unserer Inkarnation bereits festgelegt haben, welche Seele diese Rolle in unserem Leben einnehmen soll. Manchmal sind es auch karmische Beziehungen, in denen wir bereits in vorherigen Inkarnationen versucht haben, eine Beziehung aufzubauen, es aber nie geschafft haben. Da wir diese Erfahrung jedoch machen wollen und müssen, wird uns das Problem in jedem Leben in ähnlicher Form präsentiert, bis beide Partner in der Lage sind, es zu lösen. Das bedeutet nicht, dass es nicht eine Alternative gäbe, denn wir haben immer die freie Entscheidung und unsere Entwicklung ist nicht vorprogrammiert. Und so kann es sein, dass einer oder beide Partner nicht in der Lage sind, eine Lernaufgabe zu erledigen, die erforderlich ist, um in die Beziehung zu gehen. In diesem Fall wird keiner der beiden sein Leben lang alleine bleiben, wenn er es nicht so will. Doch wird diese Beziehung dann im nächsten Leben wiederum zu klären sein.

Einen besonderen Stellenwert nehmen die sogenannten Dual- oder Zwillingsseelen ein. Obwohl es so scheint, als ob die Beziehungen zu ihnen das Ultimo ist, und jeder hofft, einer solchen zu begegnen, gestaltet sich das Aufeinandertreffen meist sehr schwierig. Auch ist hier der Erfolg beziehungsweise Misserfolg an den des anderen geknüpft. Der Fortschritt des einen ist der des anderen.

Der Weg zur Eigenliebe

Liebe ist sehr vielschichtig und doch in ihrem Wesen sehr einfach. Auch wenn wir anhand der Definitionen und Analyse der jeweiligen Formen nun ein umfassendes Bild davon haben, wie sie sich äußert und was sie ausmacht, so kommen wir doch immer wieder zurück zu einer Grundvoraussetzung: der Eigenliebe, ohne die einfach keine Liebe zu anderen möglich ist. Erst einmal steht diese Erkenntnis für sich, denn bekanntermaßen kann man Liebe nicht erzwingen. Jedoch können wir sie lernen.

In unserer Kindheit haben wir Sätze gehört, die wir, wenn sie von uns wichtigen Personen kamen, als wahr akzeptiert haben. Jede Wiederholung war ein Ziegelstein, der diesen Glaubenssatz in seiner Position auf unserer Positiv-Negativ-Leiste gefestigt hat. Auch in unserem späteren Leben haben wir nach weiteren Ziegelsteinen gesucht, denn unser Gehirn hat weitere Prüfungen vorgenommen. Jedoch nicht dahingehend, dass vielleicht etwas anderes wahr sein könnte, sondern nur, ob dieser eine Satz zutrifft. Und so wurden mit der Zeit bestimmte Glaubenssätze zu unserer unverrückbaren Wahrheit über uns selbst. In der Gesamtheit ergibt sich dann ein Bild, das wir von unserer eigenen Person haben, das nicht unbedingt der Wahrheit entspricht, sondern eher ein Spiegel unserer bisherigen Umgebung und deren Meinung über uns ist. Dabei vergessen wir jedoch einen wesentlichen Punkt:

ALLES AN UNS IST IN JEDEM MOMENT UNSERES LEBENS GENAU SO PERFEKT, WIE ES IST UND WIE WIR ES BRAUCHEN.

Nun geht es also darum, unsere Glaubenssätze über uns selbst zu überprüfen, zu hinterfragen und gegebenenfalls neu zu gestalten.

Gehen wir in unsere eigene Macht

Eine Grundvoraussetzung zum Glücklichsein ist es, dass wir wahrnehmen, dass wir die komplette Macht über unser Leben haben. Bisher haben wir uns in zu vielen Situationen als Opfer empfunden. Dieser Partner hat uns verletzt, dieser Kollege mobbt uns, jener Freund hat uns enttäuscht und ein anderer wieder betrogen. Sobald wir die Schuld an Schmerz einem anderen Menschen geben, machen wir uns zum Opfer. Opfer sein bedeutet jedoch, einem anderen Menschen die Macht über unser Leben zu geben. Wie nun ändern wir das?

Zuerst sollten wir uns klarmachen, dass wir Schöpfer unserer eigenen Realität sind. Das Bild, das wir von unserem Leben in uns tragen, wird verwirklicht. Dies ist keine neue Erkenntnis, sondern die altbekannte Macht der Gedanken. Tief verankerte Glaubenssätze werden in unserem Leben Wirklichkeit. Weiterhin ist auch unser Wunsch schöpferisch. Wenn wir sagen, dass wir selbstverständlich glücklich sein wollen, sollten wir darüber noch einmal ernsthaft nachdenken, denn die meisten Menschen wollen dies oberflächlich gesehen schon, jedoch liegt das Glück außerhalb ihrer Komfortzone und sie haben Angst vor dem Unbekannten und dem Risiko, tiefer zu fallen, je glücklicher sie sind. Kurz vor dem Erreichen dieses Zustands weichen sie zurück. Wir brauchen also die innere Bereitschaft, wirklich glücklich zu sein.

Außerdem ist es wichtig zu erkennen, dass alles, was uns passiert, eine Erfahrung ist, die wir machen wollen und sollen. Sie bringt uns unserem Ziel näher. Jeder kennt Situationen, die sehr schmerzhaft waren, im Nachhinein aber das Beste, was passieren konnte. Es ist unser ganz eigener Lebensweg, den wir gehen, und jeder Schmerz ist eine lehrreiche Erfahrung, die wir in genau dieser Situation gebraucht haben. Derjenige, der uns diesen Schmerz zufügt, ist kein Täter, sondern ein Erfüllungsgehilfe, dem wir danken sollten. Auch wenn dies nun für manche Menschen mehr als abwegig klingen mag, ist dies der einzige Weg zu einem positiven, glücklichen Leben. Denn wenn wir uns mit Opferrollen, Schuldzuweisungen und negativen Gefühlen wie Wut, Hass und ähnlichem aufhalten, werden wir dieses Leben nie erreichen.

Wichtig ist auch, dass wir aufhören, gegen Schmerzen zu kämpfen. Der einzige Weg geht über die Annahme des Schmerzes, das tiefe Eindringen in ihn und das Analysieren, was diesen Schmerz verursacht hat und was wir ändern können. Das Universum hat viele Möglichkeiten. Die effektivste, um Änderungen auf unserem Weg zu bewirken, ist jedoch der Schmerz. Nehmen wir ihn als Wegweiser, wird unser Leben sehr viel einfacher verlaufen - im Gegensatz zur Verdrängung, die nur zu Blockaden und Krankheit führt.

Die Welt der Spiegel

Eine weitere Notwendigkeit, um uns selbst und andere zu lieben, ist, dass wir anerkennen, dass unsere Umwelt uns spiegelt. Alles und jeder spiegelt unsere innere Einstellung zu uns selbst, unsere Glaubenssätze und Prägungen wieder. Hier sind vor allen Dingen einige Personen besonders hervorzuheben:

Unsere Eltern

Wir haben uns unsere Eltern selbst ausgesucht. Passend zu unserer Lebensaufgabe, den gewünschten Erfahrungen und der Berufung haben wir Vereinbarungen getroffen mit Seelen, die bestimmte Aufgaben von uns angenommen haben. Diese werden sie erfüllen, auch wenn wir sie dafür verurteilen. Besonders unsere Eltern haben eine fast lebenslang andauernde Aufgabe übernommen, denn sie werden uns alle Prägungen und Werte mitgeben, die wir brauchen. Menschen mit einem Mutter- oder Vaterthema sollten aus diesem Grunde ihre Einstellung überdenken, dass die Eltern in ihrer Kindheit Täter und sie selbst Opfer waren. Anhand der Schwierigkeiten, die im Umgang mit unseren Eltern auftreten, können wir selbst eine Menge ungelöste Probleme erkennen. Denn alles, was uns an ihnen aufregt, verärgert oder dazu bringt, sie abzulehnen, hat seine Ursache in nicht verarbeiteten Situationen aus unserer Kindheit. Hier ist es wichtig, diese zu finden und sie aus der Sicht des erwachsenen Kindes zu sehen. Auch Reisen zum inneren Kind sind sehr hilfreich. Erst wenn wir unsere Eltern sehen können wie andere

Menschen in unserer Umgebung und eine unbelastete Beziehung zu ihnen aufbauen können (und sei es nach ihrem Tod), können wir uns sicher sein, die Aufgabe erfüllt zu haben.

Der Partner

Unser Partner beziehungsweise unser Wunschpartner ist beinahe ebenso wichtig wie die Beziehung zu unseren Eltern. In den meisten Fällen suchen sich Frauen immer denselben Typ Mann und werden, wenn sie nicht gelernt haben, sich selbst zu lieben, auch immer wieder dieselben Schmerzen erleiden. Dies hat mehrere Gründe:

1. Wir haben als Kind die Beziehung unserer Eltern als Maßstab aller Dinge angesehen. Auch wenn wir bewusst vielleicht einen anderen Typ Mann bevorzugen, hat uns diese Erfahrung doch so geprägt, dass wir unterbewusst das suchen, was unsere Eltern hatten. Entweder haben wir deren Beziehung schön gefunden und möchten etwas ähnliches oder wir wählen bewusst, dass wir eine solche Beziehung NICHT möchten. In beiden Fällen senden wir unsere Energie auf diese Form der Beziehung. Dies erklärt, warum zum Beispiel in Familien, in denen der Vater die Mutter körperlich misshandelte, sowohl Söhne als auch Töchter im gleichen Dilemma landen. Während die Tochter sich darauf konzentriert, NICHT denselben Fehler zu machen wie die Mutter, konzentriert sich der Sohn darauf, NICHT so zu werden wie der Vater. Das Ergebnis ist gleich, denn das Universum kennt kein »nicht«. In

beiden Fällen wird Energie in eine gewalttätige Beziehung geschickt, die dann als Resonanz zurückkehrt.

2. Wir haben in unserem Vater den für uns gültigen Prototypen eines Partners kennengelernt und suchen unterbewusst nach einem Mann, der dieselben Werte vermittelt.
3. Wir suchen einen Spiegel zu unseren Prägungen in Bezug auf Liebe. So werden wir, wenn wir dahingehend geprägt sind, dass wir Liebe nur dann erhalten, wenn wir so sind, wie andere uns haben möchten, einen Mann suchen, der bestimmend ist und für den wir uns ändern müssen. Nur so erreichen wir, dass wir (aus unserer Sicht) konstant mit Liebe versorgt sind.
4. Wir haben von unserer Mutter ihr Päckchen von in ihrem Leben ungelösten Problemen übernommen, die es noch zu bearbeiten gilt.

Das Kind

Kinder sind der beste Spiegel, den wir als Erwachsene erhalten können. Sie agieren, vor allen Dingen in jungen Jahren, aus einem einzigen Grund heraus: die Absicherung ihres Überlebens, also rein instinktiv. Die beste Absicherung für ein Kind ist ein ausgeglichenes Zuhause. Dementsprechend wird ein Kind immer versuchen, diesen Ausgleich herzustellen. In seinem Verhalten wird es also entweder die Eltern kopieren oder gegenteilige Verhaltensmuster aufweisen, wenn bei einem oder beiden Elternteilen diese zu extrem sind. Ein einfaches Beispiel sind hier Kinder von extremen Rauchern, die in ihrem späteren Leben zu extremen Nichtrauchern werden. Wie oft haben wir von einer Mutter schon den Satz gehört: »Ich verstehe auch nicht, warum er/sie so ist. Wir sind das absolute Gegenteil.« Stellen wir also an unserem Kind unverständliche Verhaltensweisen fest, sollten wir uns fragen, ob wir selbst nicht zu extrem in diesem Bereich sind. Aber auch im täglichen Ablauf mit wechselnden Stimmungen und Gefühlen zeigen uns Kinder sehr schnell, wie es uns gerade geht und wie wir uns verhalten.

Auf der anderen Seite übernehmen Kinder unsere Werte und Verhaltensweisen. Sie werden das, was sie bei uns sehen, als wahr annehmen ohne es zu hinterfragen. Sie sehen, wie wir mit bestimmten Situationen und Menschen umgehen und werden dies erst einmal in dieser Form übernehmen. Auch den Umgang mit sich selbst werden sie von uns kopieren. Deshalb gibt es bei Kindern zwei Möglichkeiten, wie sie uns als Spiegel dienen können:

Ausgleich von Extremen oder Kopie!

In beiden Fällen erhalten wir ein sehr genaues Bild von uns selbst und gleichzeitig eine Anleitung, wie wir bestehende Probleme bei einem Kind lösen: einfach, indem wir ihm zeigen, wie wir es bei uns selbst beheben!

Der Kollege

Auch in der Arbeitswelt werden wir feststellen, dass wir von Spiegeln umgeben sind. Hier sollte vor allen Dingen das Thema Mobbing angesprochen werden, zeigt es uns doch vorrangig, wie wir zu uns selbst stehen. Die Gründe für Mobbing liegen meist in der gemobbten Person selbst. Denn ihre Merkmale haben sie als das schwächste und am leichtesten zum Opfer machbare Wesen am Arbeitsplatz gemacht. Es wird wenig helfen, sich eine neue Stelle zu suchen oder dafür zu sorgen, dass die Kollegen bestraft werden, denn nur eine Änderung in uns selbst kann Mobbing auf Dauer unterbinden.

Die Situation

Unsere gesamten Lebensumstände sind ein Spiegel unserer Glaubenssätze. Sind wir seit Jahren Single, haben nie genug Geld auf dem Konto und müssten dringend ein paar Kilo abnehmen, spiegelt uns dies nur, was wir über uns selbst und unsere Verhaltensweisen gelernt haben. Vielleicht haben wir extrem sparsame Eltern gehabt oder immer gehört, dass wir dringend eine Diät machen müssten. Es kann aber auch sein, dass wir gelernt haben, dass wir ständig in einem Mangel leben. Dies ist zum Beispiel der Fall, wenn in der Kindheit immer auf etwas hin gespart werden musste. In jedem Fall lohnt es sich, die aktuelle Lage genau unter die Lupe zu nehmen und nicht mehr benötigte Glaubenssätze zu verwerfen und durch neue zu ersetzen.

Diese Auflistung lässt sich noch durch eine Vielzahl anderer Spiegel ergänzen, nicht zuletzt durch unsere Umwelt. Denn auch die Situation hier ist ein Spiegel von Glaubenssätzen, wenn auch eher globalen als einzelnen.

Sei Deine beste Freundin/Dein bester Freund

In Freundschaften sind wir meistens sehr gute Ratgeber, können unseren Freunden zuhören und ihnen helfen. Geht es aber um uns selbst, versagen wir kläglich. Auf dem Weg zur Eigenliebe ist es immer eine gute Methode, sich selbst der beste Freund zu sein. Manchmal ist es ratsam, einfach ein Zwiegespräch mit sich selbst zu führen und die Situation so zu schildern, wie wir sie einen Freund erzählen würden und dann die Position des Zuhörers einzunehmen. Halten wir uns an unsere eigenen Ratschläge, so wie wir es uns von einem Freund auch wünschen würden.

Teil dieses Hilfsmittels ist es aber auch, dass wir uns selbst Gutes tun. Das, was wir für unseren besten Freund tun würden, sollten wir uns selbst einmal »antun«. Verordnen wir uns einfach einmal ein entspannendes Bad im Kerzenschein, ein Glas Wein beim Nichtstun oder einen Kaffee in einem netten Cafe. Am besten ist es, sich täglich mindestens 30 Minuten etwas Gutes zu tun.

Auch Meditationen zählen zum Beispiel dazu. Wir neigen dazu, uns selbst wieder schnell in den Hintergrund zu schieben, wenn es »wichtigere« Dinge gibt. Aber genau das gilt es, in Zukunft zu vermeiden. Unser oberstes Gebot ist es demnach, uns selbst und die Zeit für uns als etwas nicht verschiebbares und in der Wichtigkeit ganz oben auf der Liste rangierendes anzusehen.

Die inneren Institutionen

Wichtig für uns ist auch die Arbeit mit unseren »inneren Einrichtungen«, die wir installiert haben. Die meisten kennen die Arbeit mit dem inneren Kind, den Teil von uns, der klein geblieben ist, sich nach Sicherheit und Liebe sehnt, um sein Leben abzusichern und genau weiß, wie er dies erreicht. Das innere Kind kann mit Meditationen, Reiki oder diversen anderen Methoden in unser heutiges Leben integriert werden, sozusagen erwachsen und unabhängig werden. Aber es gibt noch eine Fülle anderer Teile, die ihre Rolle in unserem unterbewussten Leben spielen. Alle sind aufgrund von Prägungen, Glaubenssätzen und antrainierten Verhaltensweisen unterschiedlich stark und verhalten sich ihrer zugedachten Rolle entsprechend, die meist nicht ausgeglichen ist.

In Meditationen und der Arbeit mit uns selbst können wir Personen visualisieren und sehen, wie sie sich verhalten, wie dominant sie sind und was sie in Interaktion mit den anderen Rollen tun. So haben wir zum Beispiel unseren inneren Kritiker, der bestimmt wichtig ist, jedoch gerade in der Phase der Selbstfindung einmal etwas mehr schweigen sollte. Es gibt den inneren Richter, Beobachter, Lehrer, Arzt und noch einige mehr. Wir sollten jedem seine Rolle zuschreiben und dann einmal in einer Meditation sehen, ob diese Rolle auch erfüllt wird. So können wir unserem inneren Kind zum Beispiel eine Spielecke einrichten, unserem inneren Kritiker einen geschlossenen Raum mit Sofa und Fernseher, in dem er erst einmal beschäftigt ist und unseren inneren Richter in die Spielecke zum Kind schicken, damit er wieder etwas Leichtigkeit lernt und das

Kind einen Spielgefährten hat. Wenn uns das anfangs auch etwas komisch erscheinen mag und wir die Wirkung anzweifeln, so hilft es uns doch bei unserer Entwicklung.

Es ist wichtig, sich die Abläufe und Verhaltensweisen unserer inneren Personen genau vorzustellen und anzupassen. Es wird nicht viel nützen, lediglich dem inneren Kritiker zu SAGEN, dass er bitte ein wenig leiser sein möge. Unsere Konditionierung ist dafür zu stark. Da unser Unterbewusstsein jedoch besonders gut auf Bilder reagiert, ist es am besten, mit Visualisierungen zu arbeiten. Ein Richter, der mit Spielen beschäftigt ist, kann nicht urteilen.

Wir sollten die von uns neu geschaffenen Abläufe regelmäßig überprüfen und gegebenenfalls neu definieren. Denn auf Dauer sollte unser Kritiker natürlich nicht in der Versenkung verschwinden. Er ist eine Institution in uns, die wir dringend brauchen, die jedoch im Aufbau der Eigenliebe eine nicht notwendige Hürde darstellt.

Ausgleich schaffen

In uns sind eine Vielzahl von Dingen im Ungleichgewicht. Wir haben bestimmten Adjektiven Wertigkeiten zugeschrieben, die in uns sofort ein Gefühl von gut oder schlecht hervorrufen. Es ist für uns und die Entwicklung von Beziehungen zu uns und unserer Umgebung wichtig, diese in einen neutralen Bereich zu bringen. Arbeiten wir hier einmal mit dem Beispiel der Eigenschaft »Neugierde«. Für die meisten von uns ist dieses Wort negativ behaftet. Wir haben sehr oft gehört, dass wir unsere Nase nicht in die Dinge anderer Leute stecken, nicht so neugierig sein sollen. Doch was ist das Gegenteil davon? Desinteressiert. Wollen wir das wirklich sein?

Im Folgenden möchte ich die bekannten Zwillingseigenschaften auflisten, die uns dabei helfen, uns neu auszuloten und vor Augen führen, warum ein Gleichgewicht von großer Bedeutung ist:

- **Reden – Schweigen:**
  Mit einem offenen Wort können wir oft viel erreichen. Es kann einem anderen Menschen dienen, auch wenn es ein kritisches Wort ist. Aber es sollte in Liebe gesagt werden, mit Einfühlungsvermögen und Respekt vor dem anderen. Reden wir zu viel, kommen wir ins Schwatzen und unsere Argumente verlieren an Kraft. Aber auch Schweigen ist eine göttliche Kraft! Manchmal sagt das Schweigen mehr als tausend Worte. Schweigen wir aber, wo wir reden sollten, drücken wir uns vor der Verantwortung der Nächstenliebe und werden unserer Lebensaufgabe nicht gerecht. Für uns nicht und für den anderen auch nicht.
- **Empfänglichkeit – Unbeeinflussbarkeit:**
  Das Leben hält für uns viele schöne Dinge bereit. Die Natur in ihrer ganzen Vielfalt, die Kunst, die Musik und vieles mehr. Für all das sollten wir empfänglich sein. Aber auch für Kritik, andere Lehren und Meinungen sollten wir aufgeschlossen sein, denn aus allem können wir lernen und werden damit reich beschenkt.
  Die Unbeeinflussbarkeit bedeutet, sein eigener Herr zu sein und Entscheidungen selbst zu treffen. Es bedeutet, andere zu sehen, zu hören, Meinungen aufzunehmen, zu gewichten und selbst nachzudenken und

dann in eigener Verantwortung angemessen zu reagieren.

- ❖ **Vertrauen – Handeln:**
  Unserem Gewissen sollten wir vertrauen und gehorchen, auch unserer inneren Stimme. Auch auf das Leben sollten wir vertrauen. Sogar anderen Menschen, aber achtsam und in aller Sorgfalt, nicht nur blind. Dann wissen wir auch, wann wir auf sie hören sollten und wann wir unseren eigenen Vorstellungen folgen müssen.
  Aus Feigheit oder Angst sollten wir niemals einem Menschen vertrauen, nur weil es vielleicht gerade bequemer erscheint. Manchmal müssen wir auch in einer Gruppe mehr zu unserer Meinung stehen, nämlich dann, wenn das unser Herz gebietet, auch wenn es dann erst einmal unbequem wird. Denn niemand wird uns die Entscheidung oder Verantwortung abnehmen, die aus unserem Handeln entsteht. Wir werden am Ende immer alleine dafür gerade stehen müssen, egal was es ist oder für uns und andere für Auswirkungen haben mag. Wir sind unser eigener Herr und haben daher auch alles zu verantworten, niemand sonst.
- ❖ **Bescheidenheit – Selbstvertrauen:**
  Bescheidenheit und vor allem Demut sind wichtige Begleiter auf unserem Weg. Wir sollten uns immer bewusst sein, dass unsere Talente einer höheren Quelle entspringen. Bescheidenheit und Demut sind unser Schutz, aber leider auch nicht so leicht zu erhalten. Das Problem ist, dass unsere Bescheidenheit nicht dazu führen darf, dass wir uns Obrigkeiten oder ande-

ren Menschen einfach blind unterwerfen und uns unterordnen.
Demut bedeutet Mut zum eigenen Selbst und Mut zu unserem göttlichen Funken in uns und somit Selbstvertrauen. Unseren eigenen Weg sollten wir mit großem Selbstvertrauen gehen und unsere Fähigkeiten einsetzen.

❖ **Spontaneität – Geduld:**
Wir lernen im Leben, blitzschnell Entscheidungen treffen zu müssen. Dieses schnelle Entscheiden entspringt unserer Erfahrung um die Folgen und deren Wirkungen. Oft sind sie von unserer Weisheit oder inneren Stimme getragen, unserer Intuition. Andererseits erfordert unser Weg auch Geduld, Ruhe und Gelassenheit. Nicht jede spontane Entscheidung entspringt dem höheren Selbst, oft genug täuschen wir uns selbst, um einen kurzfristigen »Erfolg« für uns verbuchen zu können. Nach einiger Überlegung vorher, nach einem »Horchen auf unser Herz« wäre diese Entscheidung wahrscheinlich anders ausgefallen und im Endeffekt besser gewesen. Kurz: das Eine muss sein, ohne aber das Andere lassen zu müssen.

❖ **Annehmen – Unterscheiden:**
Manches Annehmen ist wahrlich Schwerstarbeit. Wir müssen lernen, dass nicht die äußeren Umstände uns den Wert geben. Nicht unsere »Freunde«, denen wir gefallen wollen, nicht unser Chef, von dem wir bezahlt werden. Wir begeben uns selbst meist in diese Abhängigkeiten, aus denen wir das Annehmen nicht mehr kontrollieren können. Egal wer uns lobt oder verherrlicht, er kann unseren wahren Wert dadurch

nicht vergrößern. Genauso wenig wie Demütigungen oder Erniedrigungen unseren wahren Wert auch nur in irgendeiner Weise schmälern können. Seltsamerweise sind wir nur allzu gerne bereit, den zweiten Punkt sofort in unsere Vorstellungen zu integrieren, den ersten aber weniger.

Wir sollten uns daher nicht von Huldigungen beeinflussen oder von Demütigungen kränken lassen. So erst lernen wir zu unterscheiden. Unterscheiden heißt nicht urteilen oder verurteilen, sondern es geht darum, die Polaritäten wahrzunehmen. Nur damit können wir unseren eigenen Weg finden. Es geht darum, die Spreu vom Weizen zu trennen.

❖ **Vorsicht – Mut:**

Durch Vorsicht vermeidet man manche Gefahren und kann Schaden vermeiden. Rücksichtsloser Umgang, auch unter der »Flagge des Lichts«, beschert recht schnell nur noch Schatten. Jeder von uns weiß, wie viel Leid im Namen Jesu oder Allah oder vielen anderen über andere Menschen gebracht wurde. Wie viele Machtkämpfe andere Rassen oder Religionen unterdrückt haben usw. Der Name kann immer schnell missbraucht werden. Wieder müssen wir unterscheiden und vorsichtig sein. Aber es bedeutet nicht gleich das Wegschauen und Ausweichen. Im Gegenteil: Es fordert Mut, um aus einer schlechten Sache eine gute zu machen. Oft ist es hilfreich, sich zu fragen, ob man etwas »gegen« oder lieber »für« eine Sache tun kann oder soll. »Für« eine gute Sache einzustehen ist etwas anderes, als »Gegen« eine schlechte Sache kämpfen zu müssen. Sicher ist es manchmal notwendig, jemandem ein »Stopp« zuzurufen. Aber oftmals wäre es auch sinnvoller, das Gute zu stärken und so etwas mitzugeben, das ebenfalls ein »Stopp« bewirkt, aber in anderer und angenehmerer Form. Aber dazu gehört auch Mut und Selbstvertrauen und eine gewisse Weitsicht und Weisheit. Mit einem direkten und scharfen »Stopp« wird wieder nur das Unangenehme in den Mittelpunkt der Diskussion gestellt. Daher wird unsere Energie dorthin geleitet, wohin wir unser Augenmerk richten: zur schlechten Seite. Unsere Energie im Leben wird sich immer auf das fokussieren, auf was wir unser Augenmerk richten. Je mehr wir also das Gute unterstützen desto mehr Energie wird dahin fließen und umgekehrt.

❖ **Nichts besitzen – über alles verfügen:**

Eigentlich besitzen wir NICHTS. Alles ist geliehen, ob Geld, Macht, Haus oder sogar unser Leben. Alles müssen wir wieder zurückgeben, wenn die Zeit reif ist. Aber wir verfügen über unsere Mutter Erde. Wir verfügen über alles und jeden, oft ohne auch nur einen Gedanken daran zu verschwenden. Daher ist es durchaus angebracht, sich einmal in aller Ruhe Gedanken darüber zu machen, was wir eigentlich tun und was wir unseren Kindern und nachfolgenden Generationen hinterlassen wollen und was wir wirklich dafür tun.

Wir denken viel über das nach, was wir noch »brauchen«, danken aber wenig dafür, was wir bereits haben. Dabei sind wir uns nur wenig im Klaren, dass alles genau so ist, wie es in diesem Moment für uns am besten ist. Ebenso wenig machen wir uns bewusst, dass unsere Gedanken uns die Möglichkeit geben, über alles in unserem Leben zu verfügen. Dies geht aber nur, wenn wir unsere Energie in die richtige Richtung lenken und uns frei machen von dem Gedanken, besitzen zu müssen.

- **Freiheit – Treue:**

  Um über unser Gewissen entscheiden zu können, um unser höheres Selbst leben zu können, müssen wir frei sein. Es darf keine Unterwerfung geben, die auf Zwang oder Angst beruht. Wir können nur uns selbst treu sein, indem wir auch bereit sind, uns gegen unsere Eltern oder Partner oder andere Personen zu entscheiden, wenn es die Situation erfordert. Sind wir uns aber selbst treu, haben unseren Weg gefunden, dann werden wir auch erkennen können, dass auch andere Menschen so handeln und genauso treu sind wie wir selbst. Und genau diese Menschen werden wir dann verstärkt in unser Leben ziehen. In einer Partnerschaft scheinheilig zu sein, mitzuspielen, ohne eine Verbundenheit zu empfinden, gilt nicht als Treue und auch nicht als Liebe. Es ist Feigheit, Feigheit vor sich selbst, vor Konsequenzen und Nachteilen, die man sonst vielleicht in anderen Bereichen in Kauf nehmen müsste. Im Grunde ist es eine reine Unfreiheit. Das führt oft soweit, dass man dann irgendwann nur noch zerstört und jede Würde dabei verliert, wenn man plötzlich aufwacht und etwas »richten« möchte.

  Aber auch in anderen Bereichen unseres Lebens sollten wir uns die Freiheit bewahren. Sklaven eines Jobs, eines Hobbys oder anderer Menschen zu sein, nimmt uns die Möglichkeit, unseren Weg zu gehen und unsere Bestimmung zu erfüllen. Wir sollten lernen, uns selbst treu zu bleiben und die Freiheit zu bewahren, einen Weg zu korrigieren, der uns nicht glücklich macht.

- **In den Vordergrund stellen – unbemerkt bleiben:** Wir sollen ruhig unsere Fähigkeiten ausleben und auch die Führung übernehmen, wenn dies angebracht ist. Jeder hat besondere Fertigkeiten, die ihm in die Wiege gelegt wurden oder die er sich mit harter Arbeit erworben hat. Diese können wir zum Wohle aller ausleben. Betrete die Bühne des Lebens ohne Furcht und in Vertrauen. Nicht immer wird aber auch das entsprechende Lob kommen, denn unser Wirken wird auch oft genug im Geheimen, hinter den Kulissen, stattfinden. Dies sollte uns nicht stören oder belasten, denn das Universum ist gerecht und der Ausgleich wird kommen. Alles was wir aussenden, wird auch zu uns zurückkehren.
- **Den Tod nicht fürchten – das Leben schätzen:** Eigentlich gibt es hierzu nicht viel zu schreiben, da der Titel schon alles aussagt. Wenn wir an uns arbeiten, Erfahrungen sammeln, werden wir feststellen, dass unsere Seele unsterblich ist. Für uns gibt es also keinen Grund, uns vor dem Tod zu fürchten. Im Gegenteil, er wird uns den Weg in die Liebe ebnen. Doch dies heißt nicht, dass wir dieses Leben nicht schätzen sollen. Es ist unsere Chance auf Weiterentwicklung. Jeder Tag mit jedem Problem, das scheinbar unlösbar vor uns aufragt, ist eine Lektion, die wir selbst gewollt haben, eine Möglichkeit der Weiterentwicklung. Und

so sollten wir diese Gelegenheit, unser Leben, schätzen und dankbar annehmen.

❖ **Gleichgültigkeit – Liebe:**
Wenn wir den Weg zur Eigenliebe gehen, werden wir etwas Wichtiges begreifen, nämlich »gleiche Gültigkeit« aller Dinge. Diese Erkenntnis befähigt uns, Licht und Schatten, Gut und Böse »gleich gültig« gegenüber zu stehen. Es bedeutet, seine Mitte gefunden zu haben, neutral zu sein. In diesem Stadium gelingt es uns sogar, einen Menschen bedingungslos zu lieben, selbst wenn er Entscheidungen für sich trifft, die wir ihm nie eiraten würden. Sehen wir eines unserer Kinder auf einen Abgrund zulaufen, so werden wir alles tun, was uns möglich ist. Reden, schweigen, vertrauen und doch geduldig sein. Wir werden die Situation annehmen, Unterschiede aufzeigen, mit Mut zur Vorsicht warnen und dennoch die Freiheit lassen und ihm die Treue halten, auch wenn uns eine Entscheidung nicht gefällt. Wir werden immer still und heimlich an seiner Seite sein und ihm die Treue halten in aller »gleichgültigen« Liebe.

Wertschätzung

Grundlage allen Glücks ist die Wertschätzung. Betrachten wir einmal das Wort und dessen Bedeutung. Den Wert schätzen. Kennen wir unsere eigenen Werte? Sehen wir, was an uns wirklich gut ist, wie schön unsere Lebensumstände im Vergleich zu denen anderer Menschen sind und mit welcher Umgebung wir gesegnet sind? All das sind Dinge, die wir nur allzu gerne für selbstverständlich erachten, einfach weil sie schon immer da waren. Aber Wertschätzung führt zu Dankbarkeit. Es ist ein Senden von Energie in etwas Positives, etwas, das wir vermehren möchten und mit Wertschätzung wird uns auch genau dies gelingen. Schätzen wir einmal realistisch ein, was an uns selbst wertvoll ist, werden wir den Grundstein zur Selbstliebe legen. Und werden diese positiven Gefühle zu uns selbst vermehren. Es ist also hilfreich, einmal mit offenen Augen durch den Tag zu gehen, die Natur, die Menschen und Tiere und uns selbst aus einem ganz neuen Blickwinkel zu betrachten.

Wertschätzung kann – genau wie Dankbarkeit – gelernt werden. Wenn es uns auch noch so schwer fällt, am Anfang des Prozesses Positives wahrzunehmen, so wird es mit Übung und Zeit doch sehr viel einfacher. Und auch hier sollten wir keinesfalls in einer Phase, in der es uns weniger gut geht, einfach ein paar Tage aussetzen, das Gute in unserem Leben wahrzunehmen und dies auch zu artikulieren. Vielleicht ist es am Anfang keine von Herzen kommende Wertschätzung oder Dankbarkeit, jedoch wird alleine das Aussprechen dazu beitragen, dass wir Positives in unser Leben ziehen und das Gefühl sich irgendwann einstellt.

Weitere Tipps

Wir können in dieser Phase unseres Lebens gut jedes mögliche Hilfsmittel gebrauchen, das uns auf dem Weg zu uns selbst und unserer Eigenliebe voranbringt und davon abhält, in alte Fahrwasser zu geraten. Zu einfach ist es, in die bekannte Komfortzone zu gleiten. Deshalb sollten wir mit einem Menschen, der uns versteht und bereit ist, Änderungen an uns mitzugehen, über unser Vorhaben reden. Gerade, wenn der Weg schwierig wird und wir einmal die nötige Energie vermissen, können wir hier Halt finden.

Es gibt aber auch Lebensberater und Coaches, die professionell an diese Wünsche herangehen und in Krisen auffangen. In jedem Fall ist der Weg mit Hilfe bedeutend einfacher.

Da wir komplettes Neuland für uns betreten und uns mit den verschiedensten Systemen, die auf dem Markt sind, nicht auskennen, ist es wichtig, sich nicht gleich jedem gut klingenden System zu verschreiben. Viele versprechen, Blockaden zu beseitigen, mit wenigen Behandlungen das innere Kind zu heilen und ein Leben in Selbstliebe, Glück und harmonischer Partnerschaft mit Wundermitteln zu erreichen. Fakt ist, dass uns NICHTS dabei hilft, unsere Erfahrungen selbst zu machen und den Weg alleine zu gehen. Es gibt sicherlich Systeme, die Blockaden lösen, mit dem inneren Kind arbeiten und beim Verschieben von Glaubenssätzen helfen. Den endgültigen Schritt müssen wir aber immer selbst gehen.

Was wir jetzt schon tun können

Bedingungslose Liebe zu uns selbst und anderen ist ein wundervolles Ziel. Es erfordert tägliche, intensive Arbeit und ist vollständig wohl nur zeitweise und nach jahrelanger Arbeit erreichbar. Doch so lange wollen wir nicht warten, in Harmonie mit uns und unserer Umgebung zu leben. Aus diesem Grund sollten wir einige Regeln in unser Leben schon vorab aufnehmen:

1. Jeder Mensch hat denselben Wert. Keiner steht über oder unter dem anderen und alle sind miteinander verbunden.
2. Wir stammen alle vom selben Schöpfer ab und sind so alle Brüder und Schwestern.
3. Jeder Mensch hat ein Recht auf seinen eigenen Lebensweg. Wir können raten, aber nicht drängen oder zwingen.
4. Kein Mensch kann einen anderen vollständig verstehen. Selbst Zwillinge haben unterschiedliche Erfahrungen gesammelt und unterscheiden sich so. Selbst die beste Beschreibung des Lebens eines anderen lässt uns nicht nachvollziehen, was dieser genau erlebt, gefühlt und erfahren hat. Somit können wir nicht urteilen.
5. Jeder Mensch gibt in jeder Situation seines Lebens sein Bestmögliches.
6. Menschen erfüllen im Leben eines anderen eine Aufgabe, die dieser benötigt. Nichts passiert, was nicht einen höheren Sinn hat.

Es ist wichtig, diese Regeln zu beachten. Bevor wir einen anderen Menschen verurteilen, ihn abkanzeln, über ihn schlecht reden oder ihn verantwortlich machen für Missstände in unserem eigenen Leben, sollten wir einen Schritt zurück treten und dieser Dinge bedenken.

Im Grunde lässt sich alles auf einen Satz reduzieren, den wir nie vergessen dürfen:

JEDES NEGATIVE GEFÜHL HAT SEINE URSACHE IN UNS SELBST!

Bleiben wir in allem bei uns selbst, übernehmen wir die Macht über unser Leben und geben uns die Chance auf Glück.

Diese Rede von Charlie Chaplin hat mir selbst lange Zeit als Wegweiser gedient und mir gute Anhaltspunkte darüber geliefert, wo ich noch bei mir selbst Handlungsbedarf habe:

Als ich mich wirklich
selbst zu lieben begann,
konnte ich erkennen,
dass emotionaler Schmerz und Leid
nur Warnung für mich sind,
gegen meine eigene Wahrheit zu leben.
Heute weiß ich, das nennt man
»Authentisch-Sein«.
Als ich mich wirklich
selbst zu lieben begann,
habe ich verstanden,
wie sehr es jemanden beschämt,
ihm meine Wünsche aufzuzwingen,
obwohl ich wusste, dass weder die Zeit reif,
noch der Mensch dazu bereit war,
auch wenn ich selbst dieser Mensch war.
Heute weiß, das nennt man
»Selbstachtung«.

Als ich mich wirklich
selbst zu lieben begann,
habe ich aufgehört,
mich nach einem anderen Leben zu sehnen,
und konnte sehen, dass alles um mich herum
eine Aufforderung zum Wachsen war.
Heute weiß ich, das nennt man
»Reife«.
Als ich mich wirklich
selbst zu lieben begann,
habe ich verstanden,
dass ich immer und bei jeder Gelegenheit,
zur richtigen Zeit am richtigen Ort bin
und dass alles, was geschieht, richtig ist
– von da konnte ich ruhig sein.
Heute weiß ich, das nennt sich
»Selbstachtung«.
Als ich mich wirklich
selbst zu lieben begann,
habe ich aufgehört,
mich meiner freien Zeit zu berauben
und ich habe aufgehört,
weiter grandiose Projekte
für die Zukunft zu entwerfen.
Heute mache ich nur das,
was mir Spaß und Freude bereitet,
was ich liebe
und mein Herz zum Lachen bringt,
auf meine eigene Art und Weise
und in meinem Tempo.

Heute weiß ich, das nennt man
»Ehrlichkeit«.
Als ich mich wirklich
selbst zu lieben begann,
habe ich mich von allem befreit
was nicht gesund für mich war,
von Speisen, Menschen, Dingen, Situationen
und von allem, das mich immer wieder hinunterzog,
weg von mir selbst.
Anfangs nannte ich das »gesunden Egoismus«,
aber heute weiß ich, das ist »Selbstliebe«.
Als ich mich wirklich
selbst zu lieben begann,
habe ich aufgehört,
immer recht haben zu wollen,
so habe ich mich weniger geirrt.
Heute habe ich erkannt,
das nennt man »Einfach-Sein«.
Als ich mich wirklich
selbst zu lieben begann,
da erkannte ich,
dass mich mein Denken
armselig und krank machen kann,
als ich jedoch meine Herzenskräfte anforderte,
bekam der Verstand einen wichtigen Partner,
diese Verbindung nenne ich heute
»Herzensweisheit«.
Wir brauchen uns nicht weiter
vor Auseinandersetzungen,
Konflikten und Problemen
mit uns selbst und anderen fürchten,

denn sogar Sterne knallen
manchmal aufeinander
und es entstehen neue Welten.
Heute weiß ich,
das ist das Leben!

Der Weg zu einer gelebten Dualseelenbeziehung braucht eine umfassende Entwicklung des Loslassers in all den genannten Bereichen. Und er wird auch immer wieder auf die noch vorhandenen Schwachstellen hingewiesen werden. So lange, bis er sich selbst sieht, erkennt, dass er der Schöpfer seines eigenen Glücks ist, auf sich selbst fokussiert bleiben muss und seine einzige Lebensaufgabe darin besteht, sich selber glücklich zu machen.

Die Spiegel-Methode …
… oder: Was will der Gefühlsklärer mir jetzt schon wieder sagen?

In einer Dualseelenbeziehung – auch wenn es noch gar keine richtige ist – gibt es eine Lernmethode, die im vorherigen Kapitel schon angesprochen wurde.

Wenn wir die Welt als Spiegel unseres inneren Bildes von uns und unserem Leben ansehen, werden wir viele Ansatzpunkte finden, an denen es sich lohnt zu arbeiten.

Das faszinierende an eine Dualseelenbeziehung ist jedoch, dass der perfekte Spiegel für den Loslasser der Gefühlsklärer ist. Denn alles, was er sich von ihm wünscht, was er an ihm auszusetzen hat, trifft in vollem Umfang auf den Loslasser selbst zu. Beide sind eben eins und der Mangel des einen ist gleichzeitig der des anderen.

An einem Beispiel verdeutlicht: Der Loslasser trifft auf den Gefühlsklärer, der auf Abstand gegangen ist. Der Loslasser hat sich bereits ein wenig damit arrangiert und auf sich selbst besonnen, ist nun aber hocherfreut zu sehen, dass der Gefühlsklärer freundlicher ist als sonst. Er wittert eine Chance und klammert sich an dieser gestiegenen Freundlichkeit fest. Die Folge ist bekannt und der Loslasser verzweifelt, weil der Gefühlsklärer wiederum auf Distanz geht. Er versteht die Welt nicht mehr, schien sich doch alles so gut zu entwickeln.

Wendet der Loslasser hier die Spiegelmethode an, fragt er sich:

1. Was erwarte ich vom Gefühlsklärer? -> Mehr Aufmerksamkeit!
2. Schenke ich mir selbst genug Aufmerksamkeit oder habe ich wieder alle Energie in den Gefühlsklärer gesteckt? -> Alles war wieder auf den Gefühlsklärer gerichtet!
3. Ergebnis: Alle Konzentration auf sich selbst richten und aufmerksam sich selbst gegenüber sein.

Mit dieser Methode kann man die richtigen Lernaufgaben der Dualseelenbeziehung kaum verfehlen. Je genauer der Loslasser feststellen kann, was ihn am Gefühlsklärer stört, je mehr Details er dazu nennen kann, desto einfacher und genauer wird seine Arbeit mit sich selbst vorangehen.

Was sonst noch helfen kann …
… oder: Steht es in den Sternen?

Der Weg des Loslassers ist kein einfacher. Man sollte die Herausforderungen des Gefühlsklärers wahrlich nicht unterschätzen, jedoch ist es der Loslasser, der kontinuierlich an sich arbeiten muss und die entscheidenden Impulse am Anfang gibt. Keine leichte Aufgabe, aber auch keine unlösbare. Dennoch gibt es Zeiten, in denen es ohne Hilfe von außen kaum vorwärtsgeht und der Loslasser nahe am Verzweifeln ist. Hier kommt schnell der Gedanke auf: »Ungewöhnliche Situationen erfordern ungewöhnliche Mittel!«

Es ist aber wichtig zu verstehen, dass die meisten keine gute Wahl darstellen und nur noch mehr Frust und Verzweiflung entstehen lassen.

- **Magie:** Weiß man nicht mehr weiter und kann einem auch sonst keiner helfen, versuchen manche Menschen die etwas unkonventionelle Art und suchen sich jemanden, der ein Ritual zur Partnerzusammenführung macht. Eine Wahl, die nicht nur teuer ist, sondern auch einfach nicht funktionieren kann in einer Dualseelenbeziehung. Denn wen möchte man da eigentlich beeinflussen? Die Dualseele, die ein Spiegel des eigenen Selbst sein muss und auch nichts anderes sein kann? Und was wäre die Lösung? Aus dem Gefühlsklärer einen neuen Menschen zu machen, der plötzlich ein Loslasser wird? Oder Erfahrungen und Erkenntnisse von vielen Wochen, Monaten oder gar Jahren durch ein Ritual »einzupflanzen«? Selbst der erfahrenste Magier wird dies nicht können. Es gibt keine Alternative zur eigenen Erfahrung und dem damit verbundenen Lernprozess.

- **Energetische Heilmethoden:** Eine möglicherweise sinnvolle Lösung, wenn man im eigenen Prozess nicht weiterkommt, an einer bestimmten Stelle festhängt oder eine Blockade nicht selbst lösen kann. Doch auch hier gilt: Wunder kann keiner vollbringen und es bleibt die Aufgabe des Loslassers, seinen Weg selbst zu gehen.
- **Kartenlegen:** Viele Loslasser erhoffen sich immer wieder von Kartenlegern die Auskunft, dass in einigen Wochen oder Monaten der Gefühlsklärer von alleine auf sie zukommen würde. Sie möchten Hoffnung und die Gewissheit, dass alles gut wird. Leider muss man sagen, dass nur wenige Kartenleger in der Lage sind, eine Dualseelenbeziehung zu verstehen und in den Karten zu erkennen. Meist lassen die im Kartenbild erkennbaren Zeiträume auch keine Rückschlüsse für den Kartenleger zu, die dann zutreffend wären. Da es sich meist um Jahre handelt, in denen es auch zu einem absoluten Kontaktstopp kommt, missverstehen viele diesen und prognostizieren ein absolutes Desinteresse des Gefühlsklärers und Abbruch der Beziehung. Manche kennen sich einfach nicht mit Dualseelenbeziehungen aus, andere gehen nicht genug in die Tiefe, um das wirkliche Ausmaß zu begreifen und wiederum andere haben einfach keine Ahnung. Nur die wenigsten erkennen, was sie da wirklich vor sich haben. Doch

selbst wenn sie das tun, werden sie kaum helfen können. Zumindest nicht mehr, als es der Loslasser selbst kann. Denn der fühlt meist mehr oder weniger intensiv den Gefühlsklärer und kann anhand der eigenen Gefühlslage auf die Entwicklung Rückschlüsse ziehen.

- **Soziale Netzwerke:** Es gibt eine Vielzahl von »Spezialisten«, die sich in den Sozialen Netzwerken tummeln und aufgrund ihrer eigenen Geschichte meinen, anderen gute Ratschläge erteilen zu können. Es gibt aber auch andere, die wirklich hart an sich gearbeitet haben, die hilfreich zur Seite stehen und Mut machen. Hat man eine Gruppe oder einen Blog oder Channel gefunden, der gut ist, ist dies sicherlich einer der besten Wege, sich Unterstützung zu holen. Wertvolle Tipps von Menschen, die in einer ähnlichen Situation sind, können manchen Umweg ersparen.

Für den Loslasser ist es wichtig, sich immer wieder vor Augen zu führen, dass es keine, aber auch wirklich keine Alternative zur eigenen Arbeit mit sich selbst gibt. Alles, was hierbei hilft, ist gut, was ein Wunder verspricht, mit sehr starken Zweifeln zu betrachten.

Und es ist wichtig, immer an der Erkenntnis festzuhalten, dass die Dualseele alternativlos ist. Jedes Verdrängen und Vergessen kann nur temporär und eine zeitlich stark begrenzte Ablenkung sein, die durchaus einmal zum Luftholen gut sein kann, den Prozess aber nur verzögert.

Stolpersteine auf dem Weg zur Dualseelenbeziehung ...
... oder: Wo ist das nächste Fettnäpfchen?

Der Loslasser ist und bleibt ein Loslasser. So kann man dies durchaus mit einem trockenen Alkoholiker vergleichen, der plötzlich ein Glas Wein trinkt. Trotz besseren Wissens wird der Loslasser ohne die nötige Aufmerksamkeit sich selbst gegenüber gerne immer wieder in alte Verhaltensweisen zurückfallen. Er hat diese über Jahre praktiziert und die neu erlernten werden noch nicht so eingeprägt sein, dass sie für ihn zur Routine werden.

Und so passiert es den meisten Loslassern, dass sie hart an sich arbeiten, alle Phasen auf dem Weg zur Beziehung meistern und dann auf den letzten Metern schlappmachen. Denn es stellt wirklich eine große Herausforderung dar, wenn der Gefühlsklärer plötzlich seine Gefühle wirklich geklärt hat und sich darüber im Klaren ist, dass er den Loslasser bedingungslos liebt. Mit einem Mal will der Gefühlsklärer eine Beziehung, die meist über Jahre der Wunsch des Loslassers war. Er sieht die Erreichung in greifbarer Nähe und wartet nun auf die letzten Schritte des Gefühlsklärers und ... klammert. Alleine das Warten bedeutet, dass der Loslasser einen Mangel empfindet und sein Glück von dem Kommen des Gefühlsklärers abhängig macht. Und schon befindet er sich in der alten Falle.

Der Gefühlsklärer kann schon mit einem vorformulierten Heiratsantrag, einem Ring und Blumen vor der Tür stehen und fast den Klingelknopf drücken: Wenn der Loslasser in dem Moment in alte Verhaltensweisen zurückfällt, wird der Gefühlsklärer auf dem Absatz kehrtmachen.

Es ist immer wichtig, in jeder Situation im Hier und Jetzt zu bleiben, sich selbst als erste Priorität zu betrachten (denn damit erhebt man den Gefühlsklärer auch auf diese Stufe) und für das eigene Glück zu sorgen. Der Loslasser kann dann den Gefühlsklärer einladen, am Glück teilzuhaben, keinesfalls darf er aber Voraussetzung für das Glück sein.

Auch wenn Ablenkung manchmal gut ist, so ist der beste Weg für den Loslasser, sich selbst zu reflektieren und sich jeden Tag ausreichend Zeit für eine Meditation zu gönnen, um sich der eigenen Gefühle bewusst zu werden, und sich mindestens zehn Minuten Zeit zu gönnen, um die Ereignisse des Tages Revue passieren zu lassen, damit er feststellt, ob die Umwelt ihm spiegelt, dass er sich ausreichend um sich selbst kümmert.

Solange der Loslasser sich sagt: »Wenn der Gefühlsklärer da ist, machen wir Dieses und Jenes!«, gibt es noch Anteile, die in Warteposition sind. Träume und Wünsche können auch ohne den Gefühlsklärer angegangen werden.

Wichtig ist es, immer die Balance zu halten und dabei liebevolle Gedanken an den Gefühlsklärer zu senden. Denn die Liebe, die keine Bedingungen stellt und Erwartungen hat, ist durchweg für beide positiv und soll ja im Rahmen der Gültigkeit des Resonanzgesetzes zurückgesendet werden.

Der Loslasser sollte sich auch immer wieder vor Augen führen, dass diese Beziehung vollkommen alternativlos ist und ein Happy End vorprogrammiert. Ein Plan B zum Gefühlsklärer existiert nicht. Bevor man die Flinte ins Korn wirft, ist es immer besser, sich auf die bisher erzielten Erfolge zu besinnen und daran zu denken, dass man wahrscheinlich im Hinblick auf den bereits zurückgelegten Weg kurz vor dem Ziel steht.

Die Notwendigkeit, ehrlich zu sich selbst zu sein ...
... oder: Aber ich will doch auch so was!

Man will immer das, was man nicht hat. Das ist eine sehr beliebte Weisheit, die auch bei Dualseelenbeziehungen durchaus ihre Gültigkeit hat.

Liebesromane und ihre Verfilmungen sind nicht deshalb so beliebt, weil sie traurige Geschichten erzählen, sondern weil das Endergebnis ist, dass die wahre Liebe immer siegt, der eine sich für den anderen von der Brücke stürzen würde und am Ende das uneingeschränkte, absolute, erfüllende Glück steht.

Es ist doch eigentlich wirklich zweifelhaft, wie diese Geschichten weiterverlaufen wären, wenn man das glückliche Paar fünf Jahre später einmal besucht hätte. Barbie hat mit Sicherheit Ken nicht geheiratet oder sie ist inzwischen vielleicht eine geschiedene, alleinerziehende Mutter. Ob Rose und Jack Dawson – hätte er das Unglück Titanic überlebt – jemals wirklich ihre doch so verschiedenen Werte und Prägungen überwunden hätten, sei dahingestellt. Und was aus Cinderella geworden ist, nachdem sie ihren Prinzen geheiratet hat, ist fraglich. Aber eigentlich will das auch gar keiner wissen, denn die Illusion, dass es dieses Glück wirklich so in der Form gibt, ist in dem Fall alles.

Und so wird auch der Hype um Dualseelenbeziehungen immer größer, versprechen sie doch genau das: Dramatik, Beweis einer unsterblichen Liebe durch Überwindung aller Hindernisse, Tragik durch Missverständnisse und Trennungen und ein Happy End. Kein Wunder, dass diese Beziehungen für einige Menschen das Maß aller Dinge sind, obwohl diejenigen, die mitten im Geschehen stecken, meist ihren selbst gewählten Seelenplan verfluchen und sich fragen, was sie da wohl wieder geritten hat.

Ein Großteil der Menschen, die von sich behaupten, ihre Dualseele getroffen zu haben, hat diese in Wirklichkeit noch lange nicht in ihrem Leben. Und sollte auch dankbar dafür sein. Denn für fast alle ist die Belastung unerträglich und eine derartig weitreichende Entwicklung des eigenen Selbst extrem schmerzhaft.

Ja, das Happy End ist schön, erfordert aber immer noch eine Disziplin, die viele Menschen nicht bereit sind aufzubringen. Oder wären Sie gerne freiwillig trockener Alkoholiker?

Es ist sehr leicht, sich unsterblich zu verlieben und dann einfach zu sagen, dass es ja nicht zu einer Beziehung kommt, weil es sich um die Dualseele handelt und man erst einmal diese ganzen Entwicklungsstufen durchmachen muss. Es gibt Hoffnung, dass das Ende doch gut wird, erklärt, warum der andere so abweisend ist und ermöglicht es, dem Universum die Schuld an allem zu geben. Im Grunde lügt man sich jedoch in die Tasche, wählt einen Leidensweg, der in noch mehr Schmerz führt, und verpasst vielleicht eine wirklich erfolgversprechende Beziehung.

Eine Dualseelenbeziehung ist nicht mit der Verleihung eines »Oscar« in der Filmbranche, nur bezogen auf die Entwicklung der Seele, zu vergleichen. Es ist nicht wichtig, auf welcher Stufe der Entwicklung sich eine Seele befindet, ob sie alt oder jung ist und bereit für eine Dualseelenbeziehung. Wer meint, sich damit selbst aufzuwerten, hat das Prinzip des All-Eins und der bedingungslosen Liebe noch nicht verstanden und müsste sowieso noch einiges lernen, um zu einer erfolgreichen Dualseelenbeziehung fähig zu sein.

Dualseelenbeziehungen sind harte, schmerzhafte Arbeit, der Erfolg ist nicht garantiert und es geben mehr Menschen darin auf, als man erwarten würde. Vielleicht hören wir nur die erfolgreichen Geschichten und von den aufgegebenen vernimmt man selten etwas, aber die darin investierte Energie und Kraft ist enorm.

Aus diesem Grund sollte jeder sich gut überlegen, was er sich da wünscht, denn der Spruch »Überlege dir deine Wünsche gut, sie könnten wahr werden« trifft hier perfekt den Kern. So romantisch das Leiden der Protagonisten in einem Liebesroman auch sein mag, so unschön ist es im wirklichen Leben, wenn man es am eigenen Leib erfährt.

Das Gefühl der Dualseelenliebe ist nicht nur wundervoll. Es ist für manche Menschen fast unerträglich, so zu lieben, weil ihr Kopf dieses Gefühl ablehnt, denn es bedeutet kompletten Kontrollverlust und gleichzeitig die Erkenntnis, wie wenig man sich selbst (zu Beginn) liebt.

Der Wunsch, den geliebten Menschen fühlen zu können, ist verständlich, und dieses Charakteristikum einer Dualseelenbeziehung auch durchaus reizvoll, aber auch in vielen Fällen eine der schmerzhaftesten Angelegenheiten des Prozesses. Denn man nimmt zwar die Gefühle des anderen wahr, hat aber nicht seine Gedanken als weitere Information und das Wissen, was diese Gefühle ausgelöst hat. Diese Ungewissheit, was gerade passiert, kommt erschwerend zu den Gefühlen hinzu, die wie die eigenen wahrgenommen werden. Es macht in Momenten des glücklichen Zusammenseins nicht nur die Liebe fast unerträglich intensiv, sondern löst in Phasen von Depression und Trauer ein Gefühl der Ohnmacht aus, weil man die Situation in keiner Form bewältigen kann. Gerät ein Gefühlsklärer dazu noch in irgendeine Abhängigkeit, ist auch beim Loslasser die Sucht als Gefühl wahrnehmbar. Ob dies nun wirklich erstrebenswert ist, bleibt eine Frage, die jeder, der sich eine Dualseelenbeziehung wünscht, für sich klären muss.

Fakt ist, dass viele Menschen sich nicht klarmachen, welche Belastungen und Schmerzen eine Dualseelenbeziehung mit sich bringt, und sie besser damit bedient sind, sich im normalen Leben mit einfachen Beziehungen weiterentwickeln zu dürfen.

Der Kurs zum Glücklichsein … … oder: Wie arbeite ich am besten an unserem Glück?

Die wichtigste Regel in einer Dualseelenbeziehung ist: Alles, was man für sich selbst tut, tut man auch für den anderen. Entwickelt sich der Loslasser, geht der Gefühlsklärer auch seine entsprechenden Schritte.

Auch wenn der Loslasser meint, der benachteiligte Part zu sein, ist dem nicht so, denn der weitere Verlauf beim Gefühlsklärer ist kein Zuckerschlecken. Wenn man die Wahl zwischen einem Tief hat, aus dem man sich langsam, aber stetig ins Glück bewegt, oder einem langsamen Abstieg in ein absolutes Tief mit einem harten und schmerzhaften Aufwachen, fällt die Wahl schwer. Eine Wahl, die keiner von beiden hat.

Für Loslasser ist es wichtig, stetig und konstant an sich zu arbeiten. Da eine so drastische Veränderung nicht über Nacht passiert, hier ein Kurs, der über 50 Wochen geht und der den Loslasser mit allen Möglichkeiten bekannt macht, die ihn zum eigenen Glück und zur Selbstliebe führen.

Woche 1

In dieser Woche geht es um die bewussten Eigenschaften. Menschen sind nach ihren Prägungen besser in der Lage, ihre negativen Eigenschaften zu nennen als ihre positiven. Doch gerade am Anfang einer persönlichen Entwicklung ist es wichtig, sich ausschließlich mit den positiven zu beschäftigen. Und das aus zwei guten Gründen:

Nach dem Resonanzgesetz folgt Energie der Aufmerksamkeit. Dies bedeutet, dass wir das verstärken, worauf wir unsere Aufmerksamkeit richten. Wir wollen unser positives Gefühl uns selbst gegenüber größer werden lassen. Das bedeutet nun nicht, dass wir durch Ignorieren unser Glück erschwindeln wollen, sondern dass wir mehr positives Gefühl in unser Leben ziehen, indem wir uns erst einmal auch nur darauf konzentrieren.

Negative und positive Bewertungen sind rein subjektiv. Keine Eigenschaft ist ausschließlich gut oder schlecht. In der Psychologie gibt es hierzu die Zwillingseigenschaften, die verdeutlichen, dass ein Ausgleich immer der erstrebenswerte Zustand ist. Wenn also zum Beispiel im Allgemeinen Neugierde als negative Eigenschaft bewertet wird, sollte man sich das Gegenteil vor Augen führen: Interessenlosigkeit. Auch dies ist ein Zustand, der nicht wirklich erstrebenswert erscheint. Die Bewertungen einer bestimmten Eigenschaft sind also immer von vielen Faktoren abhängig und wenig allgemeingültig. Dies ist ein Grund, weshalb es anfangs so wichtig ist, sich mit den als positiv eingeschätzten zu beschäftigen, die nicht weiter bearbeitet werden, aber bewusst sein sollten.

Wochenaufgabe: Über eine Woche werden die positiven Eigenschaften aufgeschrieben und die Liste wird täglich ergänzt.

Woche 2

Die in der letzten Woche angefertigte Liste ist nun fertig und sollte gut sichtbar aufbewahrt werden, denn eine Verstärkung des positiven Gefühls sich selbst gegenüber ist das erklärte Ziel.

In der zweiten Woche geht es darum, sich zu verdeutlichen, was man bereits alles im Leben erreicht hat. Dabei kommt es nicht darauf an, was andere Menschen davon halten. Die allgemein anerkannten gesellschaftlichen Werte sollten hierbei nicht die Grundlage bilden. Es kommt bei der Auflistung einzig und alleine darauf an, worauf man selbst stolz ist. Dies ist bei jedem Menschen individuell verschieden.

Wochenaufgabe: Es wird erneut eine Liste angelegt, auf der erreichte Ziele aufgeführt werden und die täglich ergänzt wird. Eine tägliche Konzentration von zehn Minuten auf positive Ereignisse und Ziele, die man erreicht hat, sorgt bereits für eine positive Änderung.

Woche 3

In dieser Woche geht es ein wenig weiter in die Tiefe. Es geht um das Thema Begabungen. Die meisten Menschen haben als Kind immer das gespielt, was ihre Berufung im Leben ist. Natürlich ist es nicht die Berufung eines jeden Mädchens, im späteren Leben Prinzessin zu sein, doch spielt und übt man damit das, was im späteren Leben einmal angewendet werden soll. Ist ein Kind fasziniert von Büchern, könnte es später einmal Autor werden, kann es an keinem Musikinstrument vorbeigehen, vielleicht Pianist. Nun hat nicht jeder Mensch derartige Berufungen, aber auch die Berufung zur Hausfrau und Mutter ist eine, wenn auch nicht derart in der Gesellschaft anerkannte.

Einen Hinweis auf die eigene Berufung liefern besondere Talente, denn nichts im Leben geschieht ohne Grund, auch nicht das, was einem Menschen mit in die Wiege gelegt wurde.

Einen weiteren Hinweis auf unser Lebensziel liefern die Eltern, wobei es sich hierbei nicht um die leiblichen Eltern handeln muss. Nimmt man die Lebensziele, die beide verfolgt haben, und erschafft daraus ein kumuliertes, findet man den Oberbegriff des Ziels, unter dem das eigene steht. So funktioniert seit jeher die Evolution. Außerdem ist es wichtig zu sehen, wo man selbst erfolgreich ist oder war und wo man selbst immer wieder Misserfolge einstecken musste oder immer wieder ein Stein in den Weg gelegt wurde, denn geht man den Weg der Berufung, wird es stetig vorwärts gehen und Türen werden sich öffnen. Was nicht gleichbedeutend ist mit einem einfachen, problemlosen Weg.

Es gibt in dieser Woche somit zwei wesentliche Themen: Talente und Begabungen sowie Lebensziel der Eltern und Erfolge.

Wochenaufgabe: Über die folgenden Tage wird täglich die Liste ergänzt, die in die oben beschriebenen zwei Bereiche unterteilt ist. Am Ende der Woche sollten in jeder Sparte maximal drei Oberbegriffe stehen.

Beispiel: Es liegt eine Begabung in Englisch, Französisch und Italienisch vor, also wird dies unter dem Oberbegriff Sprachen zusammengefasst. Die Mutter war auf finanzielle Sicherheit bedacht, während der Vater versucht hat, das Maximum an Glück herauszuschlagen, also ist das kumulierte Ziel, durch eine glücklich machende Tätigkeit finanzielle Sicherheit zu erreichen.

Hinweis: Den meisten Menschen fällt es schwer, das Lebensziel der Eltern zu ermitteln. Hierbei kann es hilfreich sein, sich zu überlegen, was das Wichtigste im Leben von ihnen ist oder war und welche Faktoren bei Entscheidungen immer wieder eine Rolle gespielt haben. Es reicht völlig aus, Oberbegriffe wie finanzielle Sicherheit, Glück, Liebe oder ähnliches festzulegen.

Es ist in dieser Woche wichtig, vielleicht das erste Mal einen objektiven Blick auf das eigene Leben und die Eltern zu werfen, die von den meisten Menschen nie wirklich hinterfragt wurden. Doch dies ist erforderlich, um im späteren Verlauf die Gründe dafür zu erkennen, warum man so tickt wie man eben tickt.

Woche 4

In dieser Woche geht es um eine der wichtigsten Tätigkeiten auf dem Weg zu Glück und Eigenliebe: die Meditation. Wir lernen im Regelfall im Leben nicht den Wert der Ruhe kennen. Der Computer Gehirn arbeitet zu jeder Tageszeit und findet nur in der Nacht Ruhe, wohingegen die Seele durch den Wust von Gedanken nicht mehr hindurchkommt und ins Bewusstsein dringen kann. Durch Meditation wird erreicht, dass Gefühle und die eigene Seele Beachtung und Raum bekommen. Es gibt eine Vielzahl von geführten Mediationen und meditative Musik. Es ist jedoch anfangs wichtig, keinerlei Ablenkung zu haben. Alle störenden Geräusche sollten abgeschaltet sein.

Zu Beginn empfiehlt es sich, sich in eine entspannte, angenehme Position zu bringen. Anfänglich auftauchende Gedanken werden nicht weiter beachtet. Jeder Gedanke sollte wie ein vorbeifahrendes Auto behandelt werden: Es kommt, fährt vorbei und verschwindet, aber wird nicht weiter verfolgt. Für manche Menschen ist es hilfreich, wenn sie sich auf die eigene Atmung oder einfach einen Zeh oder Finger konzentrieren. Anfangs passiert für Neulinge wenig und die Gedanken lassen sich nie komplett abschalten. Mit Zeit und Übung wird sich dies aber stetig verbessern, bis sich Gefühle bemerkbar machen oder Bilder, durch die die Seele spricht.

Wochenaufgabe: Jeden Tag mindestens 30 Minuten meditieren und dies über die Woche hinaus auch weiterhin praktizieren. Denn Meditation ist die energetische Tankstelle Nummer eins.

Woche 5

Das Thema Prägungen ist eines der wichtigsten auf dem Weg zu Glücklichsein. Um dies vollständig zu verstehen, ist es wichtig, die Abläufe im Gehirn nachzuvollziehen. Denn dieses funktioniert auf eine ganz einfache Weise: Es sucht immer wieder nach Bestätigung von Fakten, die von außen vermittelt werden, jedoch nicht automatisch nach Gegenbeweisen. Dabei ist jede Wiederholung einer Nachricht ein Ziegelstein, der den Glauben an die Richtigkeit der Fakten weiter einzementiert. Wird eine Bestätigung allerdings nicht gefunden und ein Fakt nur einmal gehört, wird das Gehirn auch schnell wieder vergessen. Dabei spielt es auch eine Rolle, wie unser Gehirn den Ursprung dieser Nachrichten einstuft. Eltern werden in den meisten Fällen von Kindern eher als zuverlässige Quelle eingestuft als entfernte Bekannte.

Wochenaufgabe: Zu Beginn der Woche ist die Aufgabe, sich Gedanken darüber zu machen, mit welchen Fakten über die eigene Person man von Kindesbeinen an »programmiert« worden ist, also welche Eigenschaften durch Eltern, enge Verwandte und Freunde immer wieder mitgeteilt wurden. Dabei ist es auch wichtig festzustellen, welche Handlungen oder Eigenschaften immer wieder zu Lob und Belohnung, aber auch zu Rügen und Strafen geführt haben. In einer separaten Spalte neben diesen Eigenschaften darf dann mit Punkten von eins bis fünf bewertet werden, wie präsent diese Werte heute noch sind, wobei eins für »gar nicht wahr« und fünf für »absolut wahr« steht. Wichtig ist es, alle Charaktereigenschaften, das Aussehen, die Arbeit, und so weiter mit einzubeziehen. Interessant sind auch Werte, die immer wieder vermittelt wurden darüber, wie man sein solltest und die man heute noch zu erfüllen versucht.

Woche 6

Die Erkenntnis, dass das eigene Selbstbild geprägt von dem ist, was einem Menschen im Leben an »Tatsachen« über sich selbst mitgeteilt wurde, ist ein wichtiger Schritt. Ebenso wichtig ist jedoch der Fakt, dass die Werte wichtiger Bezugspersonen fast immer kommentarlos übernommen werden. Die in der letzten Woche verfasste Liste ist Grundlage für die aktuelle Wochenaufgabe. Allerdings sind hierbei nur Punkte interessant, die vier oder fünf Punkte erhalten haben.

Um an diesen Punkten weiter arbeiten zu können, ist es von großer Bedeutung, dass es einen Unterschied zwischen Prägungen und Werten gibt. Prägungen sind Erfahrungen, die gemacht wurden und die den eigenen Lebensweg beeinflusst haben, Werte sind hingegen allgemeingültige Regeln, die von einer breiten Masse anerkannt werden und die meist ohne eigene Erfahrung akzeptieren werden.

Gerade dem Typ »Loslasser« wurde in der Kindheit immer wieder zu verstehen gegeben, dass Leistung mit Liebe belohnt wird, er wurde also so geprägt, denn wurde keine Leistung erbracht, war der darauf folgende Liebesentzug für ihn schmerzhaft.

Ein Wert wurde durch das Vorleben der Eltern erlernt oder durch Sätze wie »Das macht man nicht« oder »Man ist hilfsbereit … freundlich … zuvorkommend …« etc.

Beispiel: Ein Kind hat immer wieder den Satz gehört, dass es eben unordentlich bist. Wenig verwunderlich, wenn es das wirklich wird, denn das Gehirn hat diesen Satz als wahr eingestuft, denn er wurde oft wiederholt und kam von glaubwürdigen Personen, nämlich den Eltern. Nun wird das Bild, das das Kind selbst von sich hat, erfüllt, denn das Resonanzgesetz wirkt immer und überall. Außerdem sieht das nun vielleicht erwachsene Kind dies als negative Eigenschaft und schickt nun weiter Energie in die Unordentlichkeit, indem es dies von sich glaubt oder vielleicht sogar gegen diese Eigenschaft ankämpft. Es ist also unwahrscheinlich, dass die Situation sich ändert, und wenn, dann höchstens mit enormem Kraftaufwand und Disziplin. Ein Kampf gegen sich selbst, der wenig gesund sein kann.

Die Lösung, um aus diesem Teufelskreis auszubrechen, liegt darin, dass sich dieser Mensch nun fragt, welchen Wert Ordnung wirklich für ihn hat. Womit fühlt er sich wohl? Ist der Maßstab, den er bei Ordnung anlegt, der eigene oder ein übernommener? Danach sollte eine neue »Wahrheit« erschaffen werden, die den eigenen Werten dieses Menschen entspricht. Dies erreicht man durch Affirmationen wie: »Ich halte Ordnung, wie es für mich richtig und gut ist.«

Mit Werten verhält es sich ähnlich. Hat man einem Kind immer wieder vermittelt, dass man im Leben hilfsbereit und bescheiden sein muss, wird es vielleicht immer wieder feststellen, dass es selbst nur die zweite Geige im eigenen Leben spielt, andere Menschen immer Vorrang haben. Ist dieser Wert richtig? Und warum ist er das oder eben auch nicht? Was muss sich ändern, damit es dem Kind mit diesem Wert gutgeht oder sollte er ganz aus dem Leben des nun vielleicht Erwachsenen verschwinden?

Um bei diesem Beispiel zu bleiben: Hilfsbereitschaft ist sicherlich eine lobenswerte Eigenschaft, solange man in der Lage ist, sich selbst in einem Gleichgewicht zu halten und genauso wichtig zu nehmen wie das Gegenüber.

Menschen mit einem Helfersyndrom handeln nicht aus Nächstenliebe, sondern aus Eigennutz! Wenn mit der Erwartung geholfen wird, dafür geliebt zu werden, verliert die Hilfsbereitschaft ihre positive Wirkung im Sinne des Resonanzgesetzes und lässt den Sender frustriert und im Mangel zurück. Deshalb sollte dieser Wert umformuliert werden. Der neue Wert hieße dann: »Ich helfe uneigennützig und achte darauf, für mich selbst genauso viel zu tun wie für andere.«

Eine umfassende Aufgabe für diese Woche, weshalb wir auch jeden Tag nur einen Satz umformulieren sollten. Hast Du also mehr als sieben Punkte auf Deiner Liste, schreibe Dir nur die wichtigsten heraus und den Rest auf Deine To-Do-Liste auf eine gesonderte Seite, die Du immer dann abarbeiten kannst, wenn Du Freiraum hast.

Wochenaufgabe: Aus der Liste der vorangegangenen Woche werden die mit vier oder fünf Punkten bewerteten herausgeschrieben. Nun gilt es, in den nächsten sieben Tagen jeden einzelnen Punkt auf seine Wahrheit hin zu überprüfen. Hierzu wird zu jedem Punkt aufgeschrieben, was genau durch andere Menschen vermittelt wurde und ob dies wirklich in dieser Form für die eigene Person so noch stimmig ist.

Woche 7

Am Anfang dieser Woche gilt es in erster Linie, ein Resümee zu ziehen und sich das Selbstbild in positiver Weise vor Augen zu führen, das in den letzten Wochen entstanden ist. Aber auch ein neues Thema ist von großer Wichtigkeit und wird besonders im Dualseelenprozess immer wieder in den Vordergrund rücken: Macht über das eigene Leben.

Oberflächlich betrachtet lehnen die meisten Menschen die Rolle des Opfers ab, denn wer wird schon gerne fremdbestimmt? Doch unbewusst - oder vielleicht auch bewusst - begibt sich jeder Mensch tagein tagaus in eine Opferrolle. Und diese bedeutet nichts anderes, als dass man anderen Menschen die Macht über das eigene Leben und Glück zuspricht. Gerade in Dualseelenbeziehungen befindet sich man oft jahrelang in einer Opferrolle, denn der andere, vorzugsweise der Gefühlsklärer, macht und tut ja nichts. Doch ist es nicht ganz so einfach. Denn hat all das Gültigkeit, was so besonders für Dualseelenbeziehungen ist, ist nie ein Teil alleine verantwortlich.

Wochenaufgabe: In den kommenden Tagen werden Situationen und Lebensbereiche aufgeschrieben, in denen die Macht über das eigene Leben abgegeben wird. Um diese besser herausfinden zu können, kann man auf signifikante Sätze achten, die man immer wieder denkt oder spricht: »Das hat mir xy angetan!« oder »Er/sie hat mich verletzt.« oder »Wenn der/die das nicht getan hätte, wäre ich glücklich.« Negative Erfahrung, für die andere Menschen verantwortlich gemacht werden, aber auch Konfliktsituationen, die immer wieder auftreten und wo man sich immer wieder mit anderen streitet, sind Hinweise für Lebenslagen, in denen man selbst die Opferrolle einnimmt.

Am letzten Tag der Woche ist es Zeit, ein Resümee zu ziehen und ein System darin zu erkennen. Geht es um den Oberbegriff Beziehung? Oder vielleicht Erfolg bei der Arbeit? Und wie würde es aussehen, wenn auch in diesen Situationen die Verantwortung übernommen werden würde, wenn man selbst derjenige wäre, der diese Erfahrung braucht und deshalb in sein Leben gezogen hat? Und wie würde sich die Gesamtsituation dann verändern?

Woche 8

Die Erkenntnis der letzten Wochen, dass die eigene Umgebung einem Menschen immer nur etwas spiegelt, was in ihm selbst begründet ist, ist ein wichtiger Baustein zum eigenen Glück. Erzeugt etwas eine Resonanz in Form negativer Gefühle, bedeutet es nichts anderes, als dass es etwas gibt, das noch nicht verarbeitet worden ist. An diesem Punkt fehlt ein Stück Eigenliebe.

In dieser Woche geht nun darum, die Ergebnisse der letzten Woche zu nutzen und die schlimmsten Verletzungen und wirklichen Tiefpunkte im eigenen Leben genauer zu betrachten.

Wochenaufgabe: An jedem Tag der Woche wird jeweils eine Situation aufgeschrieben, die als markantes und negativ behaftetes Ereignis im Leben angesehen wird. Zu jeder Situation wird dann erarbeitet, welche Folgen sie hatte: Was wurde danach geändert? Welchen neuen Weg wurden eingeschlagen? Und wie wäre es weiter gegangen, wenn es diese Situation nicht gegeben hätte? Resultierend hieraus können nun die positiven Aspekte aufgeschrieben werden, die aus den Änderungen hervorgegangen sind, und die erklären, warum genau dieses Ereignis im Leben im positiven Sinn so wichtig war.

Woche 9

Von nun an, also auch über dies nächste Woche hinaus, wird eine Übung zum positiven Denken und Reden eingeführt, damit die Energie in eine positive Richtung gelenkt werden kann. Gerade im deutschsprachigen Raum sind es die Menschen von klein auf gewohnt, viele negative Sätze zu benutzen. Auf die Frage, wie es ihnen geht, antworten viele mit »Nicht schlecht« oder »Ich kann nicht klagen«. Doch das Universum kennt kein »nicht«. Energie folgt der Aufmerksamkeit und so schicken solche Sätze die Energie in Richtung »schlecht« und »klagen«. Wird eine positive Formulierung – also »gut« oder sogar »super« – gewählt, geht die Energie auch in diese Richtung.

Zur Bewusstmachung, wie viele negative Begriffe jeden Tag verwendet werden, ist es hilfreich, sich für die kommenden Wochen eine Spardose zuzulegen, in die für jedes »nicht«, das gesagt oder gedacht wird, zehn Cent geworfen werden. Dabei sollte der negative Satz gleichzeitig in einen positiven umformuliert und der negative »gelöscht« werden. Es gilt: Lerne zu formulieren, was Du willst, nicht was Du nicht willst. Sprich aus, was Du kannst, nicht was Du nicht kannst.

Neben dieser Neuerung beschäftigt sich die neunte Woche mit dem Thema »Spiegel«. Die Erkenntnisse der letzten Wochen haben gezeigt, dass jeder Mensch die Macht über sein eigenes Leben hat und dass alles, was passiert, einen Sinn ergibt, der in jedem Individuum selbst begründet liegt. Folglich ist jede Umgebung genau auf die jeweiligen Bedürfnisse abgestimmt und hält jedem Menschen einen Spiegel vor sein Gesicht, in dem er erkennen kann, wo sein persönlicher Weg des Glücks liegt, wo er noch im Mangel lebt und wo alte Verletzungen zu bearbeiten sind.

Wochenaufgabe: Um dies zu verdeutlichen, wird diese Woche die Konzentration auf Personen gelegt, die einen besonderen Einfluss im Leben haben: Partner, Kinder, Freunde oder Kollegen. Wenn möglich, sollte jeden Tag der Woche eine Person beschrieben werden mit ihren individuellen Bedürfnissen und Ansprüchen im Hinblick auf den Übenden. Dabei sollte die Frage beantwortet werden, ob dies mit positiven oder negativen Gefühlen verbunden ist, wie damit umgegangen wird und vor allen Dingen der Frage, wie wichtig man sich selber im Vergleich zu dieser Person nimmt?

Kinder stellen dabei eine besondere Personengruppe dar, denn sie leben bis in ihre Pubertät hinein mit dem Anspruch, sich immer in einem ausgeglichenen, also für sie sicheren Umfeld zu befinden. Alles, was bei den Eltern funktioniert, wird kopiert, Extreme jedoch durch gegenteiliges Verhalten ausgeglichen. In der Beziehung zu anderen Menschen ist es so, dass all das, was als negativ empfunden, einen Mangel bei demjenigen aufdeckt, der dieses Gefühl empfindet. Gute Beispiele hierfür sind Situationen, in denen angenommen wird, dass man selbst nicht genug geliebt wird. Oft fehlt es nicht an der Liebe des Partners, sondern an Eigenliebe. Mobbing auf der Arbeit, also nicht so akzeptiert zu werden, wie man ist, deutet auf fehlende Akzeptanz sich selbst gegenüber hin. Unter Berücksichtigung dieser Erklärung kann nun jeden Tag der Woche eine Person analysiert werden. Hierbei werden wesentliche Mängel in der Eigenliebe aufgedeckt.

Woche 10

Jede Entwicklung ist am Anfang für das menschliche Gehirn bedrohlich. Aus Erfahrungen, Prägungen und Werten hat es das bisherige Leben lang eine Komfortzone errichtet, in der es sich bewegt und sicher sein kann, dass diese nicht lebensbedrohlich ist. Denn genau darum geht es bei jedem Denkprozess: Was ist der sicherste und am wenigsten aufwändige Weg, mit einer Sache umzugehen? Was könnte gefährlich werden, weil die Konsequenzen unabsehbar sind? Was wird aus der Erfahrung anderer heraus als gefährlich angesehen?

Doch nun ist es erforderlich, das Gehirn davon zu überzeugen, dass der Weg zum Glück einzig und allein außerhalb der Komfortzone liegt, denn bisher mangelt es daran. Das Gehirn wird also konsequent vor einer weiteren Entwicklung warnen, die in diese Richtung geht. Selbst der altbekannte Schmerz ist dem Unbekannten vorzuziehen, da er bisher immer überlebt wurde.

Ein Hilfsmittel bei der Überwindung dieser völlig normalen Reaktion des Gehirns ist die Belohnung. Erkennt es, dass neue und bisher unbekannte Verhaltensweisen zu mehr Wohlbefinden führen, können diese auch ohne größere Widerstände zur Routine werden.

Wochenaufgabe: Aus diesem Grund wird in dieser Woche eine Liste von Dingen, Aktivitäten, Verhaltensweisen erstellt, die als Belohnung empfunden werden und für Freude und Wohlbefinden sorgen. Hierbei kann es sich um einen einfachen Kaffee mit Freunden oder einen Kinobesuch handeln, aber auch um Wellness, das Lesen eines Buchs oder ein schönes Essen. Am Ende der Woche werden dann Favoriten ausgewählt, die von nun an einmal in der Woche mindestens eine Stunde lang praktiziert werden. Wichtig hierbei ist, dies bewusst vorzunehmen. Ein Kaffee mit Freunden sollte also bewusst genossen und nicht durch Gedanken an bevorstehende Verpflichtungen gestört werden.

Sobald das schlechte Gewissen sich meldet: Es ist nur der Kopf, der alte Werte versucht durchzusetzen!

Woche 11

Die Erkenntnisse der Woche 10 dürften bei den meisten Menschen sein, dass es zwar wundervoll ist, sich mit Dingen zu befassen, die Freude machen, dass es jedoch auf der anderen Seite auch anstrengend sein kann, wenn das Gehirn ein »schlechtes Gewissen« produziert, weil man seine Zeit mit Pflichten verbringen sollte, die durch Prägungen als viel wichtiger angesehen werden.

Einfach nur Spaß zu haben, Freude beim Arbeiten zu empfinden, einfach einmal die Seele baumeln zu lassen, sind keine allgemein »angesehenen« Werte. Noch immer herrscht in der Gesellschaft die Meinung vor, dass der Mensch am besten rund um die Uhr etwas zu tun haben muss und niemals faul herumsitzen sollte. Und Arbeit macht keinen Spaß, denn dann wäre es ja keine Arbeit.

Mit diesen Vorurteilen und falschen Werten kann jedoch wirkliches Glück nicht erreicht werden. Aus diesem Grund ist es wichtig, sich hiervon zu befreien.

Wochenaufgabe: In dieser Woche geht es darum, das Bild eines individuell perfekten Lebens zu entwerfen. Hierzu wird eine Liste erstellt und jeden Tag ergänzt, in der aufgeführt wird, was zu einem ganz persönlich perfekten und glücklichen Leben gehört.

Es wird alles erfasst, was in irgendeiner Form dazu beiträgt, nichts ist dabei unwichtig oder überflüssig, alles sollte jedoch unabhängig von anderen Menschen sein. Somit darf der typische Loslasser hier nicht aufführen, dass der Gefühlsklärer ihn liebt. Wohl möglich ist es aber, dass auf der Liste ein Satz wie »Ich bin in einer glücklichen

Beziehung, die auf Liebe basiert« erscheint. Es ist wichtig, sich die einzelnen Punkte während der Woche immer wieder durchzulesen, sie unter Umständen sogar zu korrigieren oder umzuformulieren, so dass sich am letzten Tag der Woche ein Gesamtbild ergibt, das alle Lebensbereiche miteinbezieht.

Woche 12

In der aktuellen Woche wird für die zukünftige tägliche Routine ein weiterer Punkt eingebaut: Ab sofort wird die tägliche Meditation dadurch ergänzt, dass zu Beginn ein Danken für drei Dinge erfolgt, die an dem jeweiligen Tag positiv verlaufen sind. Hierdurch wird der Fokus weiter auf das Positive im Leben gerichtet und das Resonanzgesetz kann so weitere positive Ereignisse spiegeln.

Die eigentliche Wochenaufgabe jedoch basiert auf den Ergebnissen der letzten Woche. Es geht nun darum, mit dem Mittel der Visualisierung ein Leben anzuziehen, das von Glück und Freude geprägt ist.

Wochenaufgabe: An jedem Tag der Woche wird an einer Beschreibung geschrieben, in der sich das perfekte Leben in allen Farben und Facetten abspielt. Es geht darum, sich ein Leben im privaten und beruflichen vorzustellen, das alle »Glücklichmacher« integriert. Hierzu kann jeden Tag ein einzelner Stichpunkt aufgegriffen und in eine kleine Geschichte eingebaut werden.

Es ist wichtig, sich hierbei vor Augen zu führen, dass es nicht darum geht, eine besonders realistisch Geschichte zu schreiben, sondern einen Traum von einem glücklichen Leben, in dem alles passieren und vorkommen kann. Das Gehirn, das automatisch darauf hinweisen möchte, dass derartige Vorstellungen zu Enttäuschungen führen können, und das umgehend eine Einschätzung der Wahrscheinlichkeit der Realisierung vornimmt, muss hierbei einfach ignoriert werden.

Woche 13

Es sollte fortan zu einer Regelmäßigkeit werden, sich die individuell erstellte Beschreibung eines perfekten Lebens durchzulesen und diese zu visualisieren. Alleine die Vorstellung und Zielsetzung, diese Beschreibung in der Realität zu erleben, richtet die Energien in eine positive Richtung und trägt zur Erfüllung bei.

Wenn das Ziel nun bekannt ist, ist es erforderlich, den Weg dorthin genauer zu planen. Vorab ist es jedoch wichtig, sich klarzumachen, dass wirkliches Glück nur im Inneren entstehen kann, denn es definiert sich durch die Übereinstimmung von Fühlen, Denken und Handeln. Nur ein authentisches Leben in diesem Sinne, ein Leben in dem der Menschen genau so sein darf, wie er ist, er sich selbst liebt, wie er ist, wird ihn auf Dauer glücklich machen.

Obwohl die Änderung äußerer Umstände höchstens zu Glücksmomenten und nicht zu der zu erreichenden Authentizität führt, sind diese ein Zeichen für gelebte Eigenliebe und somit von großer Bedeutung.

Wochenaufgabe: Die in der letzten Woche aufgelisteten Details werden in dieser Woche zu Oberbegriffen zusammengefasst. So fallen zum Beispiel Punkte wie »eigenes Auto«, »eigenes Haus« und »monatliche Sofortrente« unter den Oberbegriff »finanzielle Sicherheit«. Am Ende der Woche sollten alle Einzelheiten der vergangenen Woche einen Themengebiet zugeordnet sein, über das es sich im weiteren Verlauf gilt, Gedanken zu machen.

In dieser Woche können bereits erste Ideen, wie die genannten Ziele erreicht werden können beziehungsweise was sich ändern muss, damit diese erreicht werden, stichpunktartig aufgeschrieben werden.

Wichtig ist auch hier, dies unabhängig von anderen Menschen zu tun.

Woche 14

Nach den letzten beiden Wochen liegt nun ein konkreter Plan vor, der Ziele beschreibt, die erreicht werden sollen, und den Weg, der dafür gegangen werden darf.

Dieser individuelle Weg mit seinen eigenen Zielen ist bei jedem Menschen anders. Und obwohl die meisten Menschen in ihrem Leben ein Ziel verfolgen, sind sie oft nicht in der Lage, die dafür erforderlichen Schritte auch zu gehen, auch wenn sie sie genau kennen.

Grund hierfür ist, dass die Prägungen der Kindheit sich auch im Erwachsenenleben deutliche bemerkbar machen. Bei Loslassern ist es meist so, dass Liebe als Belohnung für »gutes« Verhalten betrachtet wird.

Waren sie als Kinder besonders hilfsbereit, haben besonders viel geleistet oder haben sich besonders gut angepasst, wurden sie mit Aufmerksamkeit und vielleicht sogar Zuneigung belohnt. Dieses System wurde verinnerlicht, so dass sie auch heute noch versuchen, einen Mangel an Liebe durch Belohnungen auszugleichen. Es wird etwas konsumiert und damit versucht, von außen einen Ausgleich dieses Mangels zuzuführen. Mit mehr oder weniger Erfolg. Angst regiert die Welt und so lässt gutes Marketing die meisten Menschen glauben, dass sie zum Glück unbedingt etwas brauchen, das ihnen ein anderer verkaufen kann, und dass sie im Umkehrschluss unglücklich sein müssen, wenn sie es nicht haben.

Eltern geben mit ihren Werten die Richtung vor, in der ein besonderes Mangelempfinden produziert wird. Es geht bei den meisten Dingen aber immer um Materie. Doch diese wird nie glücklich machen. Sie wird noch nicht einmal die Voraussetzungen für echtes Glück liefern. Was einen Menschen am Glücklichsein hindert, ist er selbst, wenn er versucht, Werten zu entsprechen, die noch nicht einmal wirklich die seinen sind. Angst ist das Zauberwort.

Verdeutlichen lässt sich dies an einem Beispiel: Die Berufung ist es, in seinem Leben Musiker zu sein. Doch seine Eltern haben ihm den Wert vermittelt, dass finanzielle Sicherheit oberste Priorität hat, dass nur ein sicherer, gut bezahlter Job richtig ist und eine künstlerische Tätigkeit etwas für Traumtänzer ist. Dies wurde vom Kind gehört, verinnerlicht und dieser Werte am Ende zum eigenen gemacht, auch wenn seine Seele damit überhaupt nicht übereinstimmt. Obwohl dieses Kind also ein enormes Talent besitzt, wird es Bürokauffrau oder -mann. Um nun glücklich zu werden, also in Einklang mit der eigenen Seele zu denken und zu handeln, wäre es erforderlich, diesen Beruf aufzugeben. Doch alles sträubt sich, denn der übernommene Wert ist die finanzielle Sicherheit. Das Gehirn sagt nun, dass die finanzielle Sicherheit keinesfalls aufgegeben werden darf.

Diesem Menschen wird also schlecht gehen, er wird sich in einer Zwickmühle befinden und voller negativer Gefühle sein. Er weiß, dass die Konsequenzen einer Kündigung schwerwiegend wären, seine Eltern ihn enterben, seine Freunde ihn für komplett verrückt halten würden. Angst vor Liebesentzug entsteht. Anfangs versucht dieser Mensch nun, nach altbekanntem System sein Unglück dadurch auszugleichen, dass er sich belohnt, sich etwas »gönnt«, eine neue Stereoanlage kauft oder in den Urlaub fährt. Er versucht, im Außen etwas zu ändern, was aber nur in ihm selbst geändert werden kann, nämlich durch die Bewältigung von Ängsten, den Abbau ihm nicht dienlicher Werte und der Steigerung seiner Eigenliebe.

Ist dieses System und dieser Ablauf einmal bekannt, fällt es deutlich leichter, notwendige Schritte zum Glück ohne Umwege über Stereoanlagen oder Urlaube zu gehen.

Wochenaufgabe: In dieser Woche wird entsprechend der obigen Ausführungen eine Liste erstellt, die die Hindernisse aufführt, die individuell dabei bestehen, die Ziele zu erreichen, die glücklich machen würden.

Auch diese Hindernisse lassen sich in den meisten Fällen unter Oberbegriffen zusammenfassen und in Themenbereiche gliedern.

Woche 15

Wie sich deutlich erkennen lässt, findet das Gehirn immer eine ausreichende Menge an Gründen, sich nicht aus der bekannten Komfortzone zu bewegen, die es für sicher hält. Macht man sich bewusst, dass das Gehirn nur ein Hilfsmittel ist, Gedanken lediglich eine Computertätigkeit und die der Mensch nicht das ist, was er denkt, ist es möglich, aus dem Hamsterrad auszubrechen und das komplette Sein zu betrachten.

Es sollte also ein erklärtes Ziel jedes Menschen sein, einen Ausgleich zwischen Gefühlen und Gedanken zu erschaffen, denn nur dieses Verfahren kann dazu führen, dass Authentizität und somit Glück entsteht.

Nur sehr wenige Menschen schaffen es und sind dazu bereit, einen absoluten Bruch mit ihrem bisherigen Leben zu vollziehen und sich selbst auf »Werkseinstellung« zurückzusetzen. Ganz davon ab, dass dies nicht notwendig ist, ist eine langsame Integration neuer Verfahrens- und Denkweisen oftmals die verträglichere Art. Ein Beginn bei alltäglichen Situationen, die anfangs nur kleine Fortschritte erkennen lassen, ist sehr gut geeignet, um später an die bedeutungsvolleren Änderungen heranzugehen.

Wochenaufgabe: In dieser Woche ist es wichtig, den Tag mit einer bewussten Entscheidung zu beginnen. Denn Glück ist auch eine Frage der richtigen Entscheidung.

Aus diesem Grund wird jeder Tag mit dem bewussten Gedanken begonnen, an diesem Tag glücklich zu sein und ausschließlich Dinge zu tun, die der Person selbst guttun, die aus Liebe zu sich selbst geschehen und die im Einklang mit dem Gefühl stehen, dass dieser Weg der richtige ist. Hierbei geht es um alltägliche Situationen, die noch keine weitreichenden Konsequenzen haben. Eine generelle Abneigung gegen die derzeitige Berufstätigkeit fällt somit ebenso wenig unter diese Wochenaufgabe wie die scheinbar unlösbaren Probleme mit dem Partner. Wohl aber ein scheinbar unbedingt notwendiger Besuch bei einer wenig gemochten Bekannten oder die Entscheidung, ob eine Einladung fürs Wochenende angenommen wird oder nicht. Bevor hier eine Zusage oder Absage erteilt wird, ist es von Bedeutung, in sich hineinzuhören, zu ergründen, was der eigene Wunsch ist, und sich selbst zu hinterfragen, warum eine Ablehnung unter Umständen für ein »schlechtes« Gefühl sorgt. In vielen Fällen dürfte die Antwort sein, dass es einfacher ist, die eigenen Wünsche zu ignorieren, als die negative Reaktion des Umfelds zu sehen. Aber auch Anforderungen wie Bügeln, Putzen, Einkaufen sind hier gemeint, mit denen der Tag verbracht wird und die Grund dafür sind, sich selbst nicht eine Pause oder eine halbe Stunde mit einem guten Buch zu »gönnen«.

Wichtig ist es, immer die Regel zu beachten, dass jeder Mensch den gleichen Wert hat und keinem auf Dauer geholfen ist, wenn die eigenen Bedürfnisse zugunsten anderer ignoriert werden.

In dieser Woche wird jeden Tag aufgeschrieben, welche Situationen am Tag eingetreten sind und wo erfolgreich dieser Ausgleich geschafft wurde.

Woche 16

Es ist wichtig, neue positive Verhaltensweisen beizubehalten. Aus diesem Grund sollte von nun an die Wochenaufgabe der letzten Woche zur Routine werden.

In dieser Woche geht es jedoch vorrangig darum, sich selbst in einen Ausgleich zu bringen. Das innere Gleichgewicht ist ein sehr sensibler Zustand, der nur selten komplett hergestellt ist. Je länger und stabiler diese Phasen jedoch sind, desto glücklicher ist der Mensch. Um herauszufinden, was dieses Gleichgewicht stört, ist es von großer Bedeutung, sich bewusst zu machen, in welchen Bereichen man sich:

- anderen Personen gegenüber überlegen fühlt, besserwisserisch ist oder verurteilt,
- immer wieder wütend oder aufbrausend reagiert,
- regelmäßig vor Verantwortung drückt,
- neidisch reagiert oder sich
- »unlauterer Mittel« bedient, um ein Ziel zu erreichen.

Dies sind die wichtigsten Hinweise auf inneres Ungleichgewicht, die Menschen erfahren können. Ein authentischer Mensch erkennt wahrscheinlich, wenn er intelligenter oder begabter ist, wird jedoch den Wert der anderen Person nicht infrage stellen oder diese verurteilen. Negative Gefühle wie Wut und Neid sind Zeichen von unverarbeiteten Erlebnissen, die noch immer nachwirken und das Verhalten beeinflussen.

Wochenaufgabe: In dieser Woche werden nun genau solche Situationen genau beobachtet und in einer Liste erfasst. In einer Spalte wird die Situation stichpunktartig beschrieben, in der Spalte daneben der Grund hierfür erörtert. Ein Gefühl der Überlegenheit einem anderen Menschen gegenüber sollte also die Frage zur Folge haben, warum dies so ist. Hier landet man unweigerlich bei antrainierten Werten, die in der Gesellschaft gelten und die dringend hinterfragt werden sollten. Wird in bestimmten Situationen immer eine Ausrede gesucht, um sich dieser nicht zu stellen, kann es sein, dass das Selbstvertrauen, diese zu meistern, fehlt. Oder aber wegen fehlender Eigenliebe und Abhängigkeit von der Sympathie anderer nicht der Mut aufgebracht wird, eine Aufgabe abzulehnen.

Mit den Fragen nach dem »Warum« wird meist schon ein Ausgleich erzielt, mit der Beantwortung dieser Fragen eine dauerhafte Lösung angestoßen, denn die Bewusstmachung alleine führt oftmals schon zu einer positiven Veränderung.

Woche 17

Ehrlichkeit sich selbst gegenüber ist meistens unangenehm, weil das Gehirn es bevorzugt, den bequemen und einfachen Weg zu gehen. Jedoch ist es unausweichlich, sich den Dingen in dieser Form zu stellen, um komplett aus der Opferrolle heraustreten zu können. Denn nur der, der Verantwortung für sein komplettes Leben übernimmt, wird auch die vollständige Kontrolle darüber ausüben können.

Um das einmal erlernte nicht gleich wieder im Sande verlaufen zu lassen, ist es entscheidend, es nun zu festigen und sich an das Gefühl zu gewöhnen, das diese Ehrlichkeit produziert.

Wochenaufgabe: Deshalb wird in dieser Woche eine Art Wiederholung der letzten Wochenaufgabe stattfinden, indem abends der vergangene Tag reflektiert wird. Hierzu werden Situationen in Erinnerung gerufen, die besonders gut gelaufen sind, aber auch solche, die zur letzten Wochenaufgabe passen. Die »guten« Situationen dürfen ein ausgiebiges Eigenlob zur Folge haben, denn dieses »stinkt« ganz und gar nicht. Die »schlecht« gelaufenen sollten in bekannter Weise hinterfragt werden.

Woche 18

Der neue Tagesablauf enthält bisher einige sehr positive Neuerungen, die alleine schon dazu beitragen, dem eigenen Glück sehr viel näher zu kommen: Meditation, positives Denken und Reden, Danken, sich selbst loben und dazu hoffentlich täglich die gute Tat für sich selbst. Ein weiteres und sehr wichtiges Instrument ist die Visualisierung, die ab dieser Woche Thema sein wird.

Wichtig sind aber nicht nur die inneren Werte eines Menschen. Ganzheitlichkeit ist bei der gewünschten Authentizität von großer Bedeutung und so spielt auch die Akzeptanz des eigenen Körpers eine entsprechende Rolle.

Menschen sind geprägt durch Schönheitsideale, angefangen bei Schneewittchen und Barbie bis hin zu den Models und Stars, die einem in Zeitschriften und im Fernsehen täglich und immer und überall begegnen. Es ist somit fast unausweichlich, dass der Ottonormalverbraucher sich gar nicht hundertprozentig schön finden kann. Durch diese ständige Beeinflussung wird der Körper nicht mehr als Spiegel der Seele und wertvolles Instrument angesehen. Bei den ganzheitlichen Heilmethoden ist es nicht umsonst so, dass Allergien für Intoleranz sich selbst gegenüber, Hautprobleme für die Ablehnung des Ichs und Übergewicht als Spiegel einer inneren Schutzmauer gelten. Die wichtige Erkenntnis sollte also sein, dass der menschliche Körper immer alles zeigt und ausdrückt, was gerade Thema ist und woran dringend gearbeitet werden sollte. Nimmt man nun die Erkenntnis dazu, dass positives Denken das fördert, was man in sein Leben ziehen möchte, hat man ein sehr gutes Werkzeug an der Hand, um an sich selbst zu arbeiten und die Knackpunkte im eigenen Leben zu erkennen und zu verändern. Natürlich wird aus einer vollschlanken Blondine dadurch keine schwarzhaarige Twiggy, aber ein positives Körpergefühl trägt entscheidend dazu bei, sich selbst zu lieben und glücklich zu werden.

Wochenaufgabe: Viele Menschen, selbst Topmodels, können eine lange Liste von Körperstellen aufschreiben, die ihrer Meinung nach verbesserungswürdig sind. Nicht ohne Grund haben Schönheitschirurgen Hochkonjunktur. Wie immer soll hier aber mit einem positiven Ansatz gearbeitet werden und aus diesem Grund besteht die Wochenaufgabe darin, jeden Tag vor dem Spiegel eine Körperstelle zu finden, die besonders attraktiv, schön oder perfekt ist. Dabei soll der Körper in seiner Gesamtheit ebenfalls betrachtet werden. Dieses Betrachten sollte von dem Gedanken begleitet werden, dass der eigene Körper ein Freund ist, das Wissen weitergibt, woran die Seele krankt und er aus diesem Grund genau so perfekt ist, wie er gerade ist. Diese Übung sollte über diese Woche hinaus so lange beibehalten werden, bis der eigene Körper respektiert wird. Manchen Menschen fällt dies sehr schwer, doch es wird immer Stellen geben, die durchaus akzeptabel sind. Wichtig ist eben, einen Anfang in diesem Bereich zu machen.

Woche 19

Denkt man an das Resonanzgesetz und daran, dass Gedanken die Realität bilden, bekommt man eine ungefähre Vorstellung von der Macht der Visualisierung. Mit dieser Methode wird Energie in genau die Richtung bewegt, die gewünscht ist, denn die Realität spiegelt die eigenen Gedanken. Je genauer man sich etwas vorstellen kann, desto einfacher wird sich dies auch im Leben manifestieren.

Bei der Visualisierung spielt aber nicht nur der Kopf eine Rolle. Es werden alle vorhandenen Sinne in die Gedanken übertragen. Sie sollen dort ebenfalls arbeiten. Dies bedeutet, dass man etwas nicht nur vor dem inneren Auge sehen, sondern sich auch vorstellen kann, wie eine Sache oder Situation sich anfühlt, was für Gerüche damit verbunden sein könnten, was für Geräusche dabei gehört werden würden etc.

Wochenaufgabe: Um dieses Ziel zu erreichen, wird in der ersten Woche eine simple Übung durchgeführt. Am ersten Tag wird einfach nur eine Banane oder einen Apfel visualisiert. Dies soll in allen Einzelheit geschehen: Schale, Farbe, Geruch, Geschmack ... Am zweiten Tag kommt Bewegung ins Spiel, indem versucht wird, in der Vorstellung die Banane zu schälen oder den Apfel in Viertel zu teilen. Am dritten Tag wird die Bewegung des Objekts ausgeweitet. Das Obststück wird zum Beispiel auf einen Teller gelegt und an einen anderen Ort gebracht. Tag vier und fünf sind dazu gedacht, den Geruch intensiv wahrzunehmen, in das Obststück zu beißen und sich vorzustellen, wie es schmeckt. Tag sechs und sieben sind dann für ein komplexeres Objekt, nämlich die eigene Hand, gedacht. Ziel ist es, sich alle Linien der eigenen Hand vorzustellen und diese dann zu bewegen.

Woche 20

Um die neu erlernten Fähigkeiten sofort zu festigen und zur positiven Lebensveränderung zu nutzen, wird in dieser Woche das Thema weiter vertieft.

Wochenaufgabe: Die bereits angefertigte Beschreibung eines glücklichen Lebens wird in dieser Woche täglich mit allen Sinnen visualisiert.

Die Visualisierung sollte von nun an regelmäßig zur Erreichung eigener Ziele eingesetzt werden. Sie ist ein Hilfsmittel wie ein Hammer, der dazu genutzt wird, einen Nagel in die Wand zu hauen. Nur wenn die eigenen Gedanken und Vorstellungen in der Lage sind, eine Situation zu produzieren, kann diese Realität werden!

Woche 21

Diese Woche gilt einem weiteren, wesentlichen Hilfsmittel zur Verwirklichung von Zielen und Träumen beschäftigen: dem Glauben. Nun ist der Glaube für die meisten Menschen einfach da und kann oberflächlich betrachtet nicht begründet oder geändert werden. Man glaubt einfach etwas oder tut es nicht. Doch so simpel ist das gar nicht, denn auch der eigene Glaube beruht auf Erfahrungen, die mit einem bestimmten Gefühl verbunden sind. Die Rede ist hier nicht vom Glauben an ein übersinnliches Wesen, Gott oder Allah, sondern von Glaubenssätzen, die jeder Mensch über sich selbst, die Welt und das Universum hat. Alles, was man glaubt, hat mit einem einfachen Satz angefangen, der durch verschiedenste Ereignisse gefestigt wurde, im Idealfall durch selbst Erfahrenes, im weniger idealen Fall dadurch, dass bestimmte Feststellungen immer wieder gehört wurden. In Woche fünf wurde dies bereits angesprochen: Dort wurde über Prägungen und Werte geredet und wie sie zustande kommen. Bei Glaubenssätzen verhält es sich sehr ähnlich. Glaubt man fest genug, dass man weniger wert ist als andere Menschen, wird sich dieses Denken im Außen manifestieren und der selbst zugedachte Wert wird sich bei der Arbeit oder in Beziehungen widerspiegeln. Man erfüllt immer das eigene Bild von sich selbst. Dies hat einen Grund: Im energetischen Raum befindet sich die Matrix mit allen nur vorstellbaren Möglichkeiten, Situationen und Gegebenheiten. Vorstellen kann man sich diese Matrix wie einen Supermarkt. Man geht durch diesen Supermarkt und sucht sich alles aus, was man braucht. Es gibt zwar keinerlei Beschränkungen bei der Auswahl aus den Unmengen an zur Verfügung stehenden Produkten, jedoch wird nur das ausgewählt, was auf der Einkaufsliste steht, und das ist das, was bekannt ist. Doch der Mensch kann sich jeden Tag, ja, jede einzelne Sekunde neu entscheiden und aus dem breiten Angebot das auswählen, was er sich wünscht. In der Matrix ist es ähnlich. Der Energiekörper trägt alle Informationen in sich, gibt diese an die Matrix weiter, die dann das Entsprechende liefert, um dieses Bild zu bedienen. Will man also etwas im Leben ändern, reicht es völlig aus, wenn man sich auf dem Weg durch den Supermarkt für ein anderes Produkt entscheidet.

Die Matrix reagiert auf Gefühle und Glaubenssätze. Hat man in Bezug auf eine Sache ein negatives Gefühl, wird die Matrix dies widerspiegeln. Ist es positiv, bekommt man es auch in dieser Form zurück. So funktioniert das Resonanzgesetz! Die Summe aller Glaubenssätze über sich selbst ist also das eigene Leben.

Man muss somit an den eigenen Glaubenssätzen arbeiten, damit es sich entsprechend verändern kann. Wie also ändert man dies?

Beispiel: Der Glaubenssatz eines Menschen lautet: »Ich kann mit Geld nicht umgehen«. Dieser Satz wurde diesem Menschen irgendwann einmal gesagt und er fühlte sich mit ihm schlecht. Auf der inneren Messlatte von minus Zehn bis plus Zehn hat sich dieser Satz in Bezug auf das Gefühl bei minus Acht einsortiert. Nun sucht das Gehirn, wie bereits erwähnt, nach Bestätigung. Die bekommt dieser Mensch nun, wenn er diesen Satz wieder hört. Seine minus Acht wird also von einem Ziegelstein gefestigt. Je öfter er den Satz nun hört, ihn selbst in Erfahrungen bestätigt sieht oder eine finanzielle Niederlage erlebt, desto mehr Ziegelsteine festigen diesen Satz auf seiner Position der Messlatte. Nun gilt es, diese Ziegelsteine wieder abzutragen, den Satz neu und positiv zu formulieren und ihn so weit wie möglich oben anzuordnen und dort zu festigen.

Wochenaufgabe: In dieser Woche werden die eigenen Glaubenssätze bearbeitet, die diesem Beispiel ähnlich sind. Sie sollten genau formuliert werden können und lediglich eine Eigenschaft beinhalten, also zum Beispiel: »Ich bin nicht attraktiv« oder »Ich bin unordentlich«. Nun wird jeden Tag aufgeschrieben, wie es zu diesem Glaubenssatz gekommen ist, wer die »Ziegelsteine« geliefert hat und welche Erfahrungen weitere liefern. In der zweiten Hälfte der Woche werden dann Gründe aufgeschrieben, warum diese Ziegelsteine subjektiv und nicht allgemeingültig sind. Es werden sozusagen Gegenbeweise für diesen Glauben gesucht. Dabei ist es wichtig, immer wieder in sich hinein zu fühlen, wo auf der persönlichen Skala von minus Zehn bis plus Zehn sich das Gefühl zu diesem Satz einsortiert. Danach sollte er positiv formuliert werden, also zum Beispiel »Ich bin attraktiv«. Wie ist das Gefühl bei diesem Satz?

Wichtig ist, den neuen Satz gleich mit »Ziegelsteinen« zu festigen, also nach Bestätigung im Außen zu suchen.

Woche 22

»Ziegelsteine«, die über Jahre einzementiert und gepflegt wurden, werden nur selten in Kürze abgetragen. Da dies jedoch wichtig ist und auch bei diesem Thema die Bewusstmachung der erste Schritt zur Lösung ist, wird die Übung, ggf. mit einem weiteren Glaubenssatz, weitergeführt.

Woche 23

Ein weiteres Schlüsselwort in der Entwicklung hin zur Eigenliebe ist »Vertrauen«. Alle energetischen Systeme arbeiten genau mit diesen Schlüsselwörtern. Wer zum Beispiel von dem so bekannt gewordenen Buch »The Secret« gehört oder dies vielleicht sogar ausprobiert hat, wird sich erinnern, dass die magischen drei Zutaten zur Lieferung von Bestellungen beim Universum sind: der feste Glaube, dass die Bestellung erfüllt wird, die Visualisierung, wie es ist, wenn das Gewünschte eintritt, und das Vertrauen darauf, dass es geschehen wird.

Glaubt man diesem System, so fehlt nun also noch das Vertrauen. Doch was ist Vertrauen? Vertrauen ist eine subjektive Überzeugung, dass etwas richtig oder wahr ist. Dieses Vertrauen kann in sich selbst oder in andere Personen gesetzt werden. Vertrauen ist umfassender als der Glaube, denn beim Glauben geht es lediglich darum, ob eine Sache für den jeweiligen Menschen stimmig ist, während Vertrauen die Überzeugung in Bezug auf die Richtigkeit mit einbezieht. So kannst man zum Beispiel daran glauben, dass man es wert ist, Gewünschtes zu erhalten, trotzdem aber nicht darauf vertrauen. Warum? Weil man die Erfahrung gemacht hat, dass nie das passiert, was man sich wünscht. Um dieses Vertrauen zu »erlernen«, muss man das eigene Leben sehr genau unter die Lupe nehmen. Charlie Chaplin sagt in seiner bereits erwähnten Rede, dass zu jeder Zeit im Leben exakt das passiert, was man gerade braucht. Dies bedeutet, dass das Leben ein Spiegel eigener Gefühle, Gedanken und Worte ist und man in jedem Moment genau das geboten bekommt, was die Seele benötigt, um die Erfahrungen zu sammeln, die sie machen möchte. Dies ist für die meisten Menschen nur schwer zu akzeptieren, weil sie damit auch anerkennen müssen, dass die schmerzhaftesten und schlimmsten Erfahrungen ihres Lebens von ihnen selbst gewünscht sind. Im Umkehrschluss heißt dies aber auch, dass der Mensch sich umentscheiden und dem Leben durch eine einfache Änderung der eigenen Gedanken eine Wendung geben kann.

Wochenaufgabe: In den vorhergehenden Kapiteln ist schon auf Einiges zu diesem Thema eingegangen worden, unter anderem auf schmerzhafte Erfahrungen und ihren positiven Effekt. In der kommenden Woche werden bewusst jeden Tag Beobachtungen zu diesem Thema gemacht, in welche Situationen man selbst gerät und was diese für eine Lehre nach sich ziehen könnten. Warum könnten sie durchaus positiv sein, welche Erfahrungen möchte die Seele machen und wozu sollen sie gut sein? Es ist wichtig, sich bei dieser Aufgabe bewusst zu machen, mit welcher Präzision das Universum arbeitet, um genau diese Erfahrungen zu ermöglichen. In die Aufgabe sollte alles einbezogen werden: Begegnungen mit Menschen, »Zufälle«, die passieren usw.

Als kleines Beispiel hier folgende Geschichte:

Es war einmal ein alter Mann, der zur Zeit Lao Tses in einem kleinen chinesischen Dorf lebte. Der Mann lebte zusammen mit seinem einzigen Sohn in einer kleinen Hütte am Rande des Dorfes. Ihr einziger Besitz war ein wunderschöner Hengst, um den sie von allen im Dorf beneidet wurden. Es gab schon unzählige Kaufangebote, diese wurden jedoch immer strikt abgelehnt. Das Pferd wurde bei der Erntearbeit gebraucht und es gehörte zur Familie, fast wie ein Freund.

Eines Tages war der Hengst verschwunden. Nachbarn kamen und sagten: »Du Dummkopf, warum hast du das Pferd nicht verkauft? Nun ist es weg, die Ernte ist einzubringen und du hast gar nichts mehr, weder Pferd noch Geld für einen Helfer. Was für ein Unglück!«

Der alte Mann schaute sie an und sagte nur: »Unglück - Mal sehen, denn wer weiß? Das Leben geht seinen eigenen Weg, man soll nicht urteilen und kann nur vertrauen.«

Das Leben musste jetzt ohne Pferd weitergehen und da gerade Erntezeit war, bedeutete das unheimliche Anstrengungen für Vater und Sohn. Es war fraglich ob sie es schaffen würden, die ganze Ernte einzubringen.

Ein paar Tage später, war der Hengst wieder da und mit ihm war ein Wildpferd gekommen, das sich dem Hengst angeschlossen hatte. Jetzt waren die Leute im Dorf begeistert. »Du hast Recht gehabt«, sagten sie zu dem alten Mann. »Das Unglück war in Wirklichkeit ein Glück. Dieses herrliche Wildpferd als Geschenk des Himmels, nun bist du ein reicher Mann ...«

Der Alte sagte nur: »Glück - Mal sehen, denn wer weiß? Das Leben geht seinen eigenen Weg, man soll nicht urteilen und kann nur vertrauen.«

Die Dorfbewohner schüttelten den Kopf über den wunderlichen Alten. Warum konnte er nicht sehen, was für ein unglaubliches Glück ihm widerfahren war?

Am nächsten Tag begann der Sohn des alten Mannes, das neue Wildpferd zu zähmen und zuzureiten. Beim ersten Ausritt warf ihn dieses so heftig ab, dass er sich beide Beine brach. Die Nachbarn im Dorf versammelten sich und sagten zu dem alten Mann: »Du hast Recht gehabt. Das Glück hat sich als Unglück erwiesen, dein einziger Sohn ist jetzt ein Krüppel. Und wer soll nun auf deine alten Tage für dich sorgen?«

Aber der Alte blieb gelassen und sagte zu den Leuten im Dorf: »Unglück – Mal sehen, denn wer weiß? Das Leben geht seinen eigenen Weg, man soll nicht urteilen und kann nur vertrauen.«

Es war jetzt alleine am alten Mann die restliche Ernte einzubringen. Zumindest war das neue Pferd soweit gezähmt, dass er es als zweites Zugtier für den Pflug nutzen konnte. Mit viel Schweiß und Arbeit bis in die Dunkelheit, sicherte er das Auskommen für sich und seinen Sohn.

Ein paar Wochen später begann ein Krieg. Der König brauchte Soldaten, und alle wehrpflichtigen jungen Männer im Dorf wurden in die Armee gezwungen. Nur den Sohn des alten Mannes holten sie nicht ab, denn den konnten sie an seinen Krücken nicht gebrauchen.

»Ach, was hast du wieder für ein Glück gehabt!«, riefen die Leute im Dorf.

Der Alte sagte: »Mal sehen, denn wer weiß? Aber ich vertraue darauf, dass das Glück am Ende bei dem ist, der vertrauen kann.«

Geschichte aus China. Verfasser/Autor: Unbekannt

Woche 24

Es ist wichtig, sich sowohl die »Ziegelsteine« des Glaubens als auch die Bildung von Vertrauen ständig fortzusetzen und die Übungen auf Dauer zu implementieren. Denn was sich meist über Jahrzehnte aufgebaut hat, kann nur über einen längeren Zeitraum geändert werden.

In dieser Woche geht es jedoch zurück zum Authentisch-Sein. Es wurden bereits einige kleinere Übungen durchgeführt, um die erforderliche Übereinstimmung von Gefühlen, Gedanken und Taten/Worten zu erreichen, die die Definition von Glück ist.

Das Leben der meisten Menschen sieht so aus, dass sie tagtäglich Kompromisse mit sich selbst und anderen Menschen schließen. Hier beschönigen sie, da tun sie etwas, das ihnen nicht gefällt, und dort zwingen sie sich zu einer anderen Sache. Sie vergewaltigen sich selbst und wundern sich, dass sie unzufrieden sind und Schmerz und Leid empfinden. Einfach, weil die allgemeine Meinung ist, dass es einfach nicht anders geht. Doch dann wäre Glück unmöglich, und das ist es nicht!

Wochenaufgabe: In dieser Woche wird eine Liste verfasst, die aufführt, wo ständig Kompromisse eingegangen werden, was stattdessen am liebsten gemacht worden wäre und vor allen Dingen wie Du dieses Ziel zukünftig erreicht werden kann.

Bei dieser Übung soll das erste Mal auch die Umwelt bewusst einbezogen werden, indem damit begonnen wird, immer nur das zu sagen, was man auch denkt, nur das getan wird, was auch zufrieden macht, und vor allen

Dingen entsprechend der eigenen Wahrheit gelebt wird. Manchmal und vor allen Dingen anfangs kann Schweigen sinnvoller sein, als etwas zu sagen, das man nicht meinst. In keinem Fall darf in dieser Woche aber aus Höflichkeit oder Faulheit gelogen oder etwas vorgegeben werden, das nicht dem Selbst entspricht.

Woche 25

In dieser Woche wird die Wochenaufgabe der letzten Woche ein wenig ausgeweitet. Lebt der Mensch nicht seine eigene Wahrheit, ist echtes und tiefes Glück fast ausgeschlossen. Jeder Kompromiss ist also eine Abweichung vom Weg des Glücks. Und der Mensch schließt in der Regel tagtäglich entscheidende Kompromisse, die auch mit der letzten Wochenaufgabe sehr deutlich werden.

Mit Sicherheit gibt es alternative Wege, mit denen man sehr nahe am Weg des Glücks ist, jedoch gehen den die wenigsten Menschen. Beziehungen sind meist zum Scheitern verurteilt, weil jeder seine eigene Definition von Glück hat und vom anderen erwartet, dass er sich dem anpasst. In der Regel finden dann beide einen Weg, der sie halbwegs zufrieden stellt, praktizieren dies über Jahre und wundern sich dann, dass es kaum noch einen Bereich gibt, wo sie wirklich uneingeschränkt sie selbst sein können und glücklich sind.

Wochenaufgabe: Die Aufgabe der letzten Woche wird nun fortgeführt, die entsprechenden Situationen dazu genutzt, sich aufzuschreiben, welche Kompromisse man eigentlich eingegangen wäre (oder wenn es nicht funktioniert hat: tatsächlich ist), warum das getan wurde und was passiert wäre, wenn die eigene Wahrheit gelebt worden wäre. Vor allen Dingen zwischenmenschliche Beziehungen sollten in dieser Woche mit einbezogen und dabei hinterfragt werden, welche seit der Kindheit vermittelten Werte und Prägungen eine Rolle bei der Entscheidung gespielt haben und ob diese objektiv betrachtet auch wirklich dem Selbst entsprechen.

Woche 26

Da es mit Sicherheit mehr als ein paar Tage braucht, um den Mut aufzubringen, solche Verhaltensänderungen im Außen zu praktizieren und entsprechende Beobachtungen zu machen, wird die Übung der vorangegangenen Woche fortgeführt. Jedoch wird eine zusätzliche Herausforderung eingebaut:

Wochenaufgabe: Das Leben im »Hier und Jetzt« ist ein wichtiges Mittel, das es vereinfacht, authentisch zu leben. Denn ist die Vergangenheit nicht mehr zu beeinflussen und die Zukunft noch nicht geschehen, kann man nur noch im Jetzt leben und braucht sich keine Sorgen um spätere Auswirkungen zu machen. Deshalb wird in dieser Woche versucht, wirklich jeden Moment zu genießen. Das heißt aber auch, dass nur eine Sache in einem Moment gemacht wird. Beim Essen wird sich voll und ganz auf die Nahrung und den Geschmack konzentriert. Bei einem Telefongespräch konzentriert man sich voll und ganz auf Deinen Gesprächspartner. Das übliche Aufräumen oder Fernsehen nebenbei wird unterlassen. Diese Woche wird einfach einmal vergessen, wie wenig Zeit man eigentlich immer vorgibt zu haben, und beobachtet, was diese Änderung im Verhalten bewirken kann, vor allen Dingen im Hinblick auf die wahrhaftige neue Verhaltensweise der letzten Wochen.

Woche 27

Die Erkenntnisse, die in den letzten Wochen gewonnen werden konnten, sind meist schmerzhaft. Gerade im zwischenmenschlichen Bereich wirken sich Prägungen besonders aus und mit fehlender Eigenliebe sind Erkenntnisse, dass bestimmte Beziehungen nicht auf einem so sicheren Fundament stehen, wie bisher gedacht, für das menschliche Gehirn gefährlich. Die Komfortzone muss verlassen werden, um Platz für glückliche Beziehungen zu schaffen. Doch das Verlassen der selbigen wird vom Gehirn mit Warnsignalen quittiert. Hier gilt es, sich dies immer bewusst zu machen.

Es ist unausweichlich, dass sich mit der inneren Änderung auch das Außen verändert, denn dies spiegelt ja den inneren Zustand nur.

Es ist für die meisten Menschen eine der schwersten Hürden, Menschen aus ihrem Leben zu entlassen oder das Risiko einzugehen, sie zu verlieren. Ein Satz ist hierzu wichtig: »Was oder wer dich wirklich liebt, kommt immer wieder zu dir zurück! Liebt dich ein anderer Mensch nicht oder kann dich nicht so nehmen, wie du bist, solltest Du ihn gehen lassen!«

Ein Schritt in Richtung Eigenliebe ist immer auch ein Schritt der Befreiung von Dingen, die nicht guttun.

Leider ist sich der Mensch nur sehr begrenzt bewusst, was ihm guttut und was nicht, denn durch andere Menschen, Werbung, Medien usw. wird ihm konstant vermittelt, was angeblich gut für ihn ist. Sich dem zu entziehen, ist kaum möglich. Deshalb ist eine Bewusstwerdung unerlässlich.

Wochenaufgabe: Vor diesem Hintergrund geht es in dieser Woche also um Dinge, die bewusst getan werden, aber auch in dem Wissen getan werden, dass sie der eigenen Person nicht zuträglich, ja für sie sogar schädlich sind. Hierbei kann es sich um Rauchen, Schokolade, Unterwürfigkeit, Bewegungsfaulheit oder ähnliches handeln. In dieser Woche sollen diese Dinge in dem Wissen getan werden, dass sie schaden. Raucher sollten also ihre Zigarette nehmen und sich dabei bewusst machen, dass diese dem Körper nichts Gutes tut. Eine dringend notwendige, aber nicht durchgeführte Ruhepause sollte mit dem Gedanken verweigert werden, dass bewusst diese Zeit nicht gewährt wird. Hierbei geht es darum, Automatismen und Prägungen weiter zu verdeutlichen und ehrlich zu sich selbst zu sein.

Woche 28

Diese Woche geht es um ein Thema, das in der Gesellschaft eher negativ behaftet ist, die Demut. Oftmals wird dieser Begriff in Verbindung mit Unterwürfigkeit oder Unterordnung genannt, obwohl er eigentlich nichts anderes bedeutet als das Einssein mit anderen Seelen und seiner Umgebung anzuerkennen. C.S. Lewis beschrieb Demut so: »Demut bedeutet nicht, weniger von sich selbst zu denken. Es bedeutet, weniger an sich selbst zu denken.«

Nun könnte man meinen, dies widerspräche dem Grundsatz der Eigenliebe. Doch ist Liebe einfach Liebe und wer sich selber liebt, schließt dadurch nicht die Nächstenliebe aus. Im Gegenteil: Sie wird erst dadurch möglich, weil der sich selbst liebende Mensch keine Erfüllung seiner Bedürfnisse von anderen mehr erwartet.

Bei vorhandener Eigenliebe kann also in jedem Menschen dessen Wert und Aufgabe im eigenen Leben erkannt werden. Negative Gefühle in Richtung einer anderen Person werden so also überflüssig. Außerdem ist die Erkenntnis wichtig, dass keinem geholfen ist, wenn man einem anderen überlegen ist, im Recht ist oder besser in etwas ist als der andere. Es mag für einen Moment Genugtuung bedeuten, doch mit ein wenig Ehrlichkeit kann daraus wiederum nur die Schlussfolgerung gezogen werden, dass diese benötigt wird, um einen eigenen Mangel aufzufüllen, den eigenen Wert also zu steigern, um sich selbst zu beweisen, etwas wert zu sein. Bei ausreichender Eigenliebe wäre diese Bestätigung obsolet.

Wochenaufgabe: In dieser Woche werden Situationen aufgelistet, die zur o.g. Beschreibung passen. Dazu sollte für jede einzelne von ihnen überlegt werden, was passiert wäre, wenn das negative Gefühl vermieden worden wäre. Wie hätte sich dies auf das Selbstwertgefühl ausgewirkt? Und warum?

Woche 29

Das Thema dieser Woche ist die Bewusstheit. Dieses hat viel mit einem Leben im Hier und Jetzt zu tun, denn oftmals nimmt die Vergangenheit eines Menschen einen so großen Einfluss auf aktuelle Situationen, dass diese kaum positiv enden kann. Ein zu großer Einfluss von negativen Erlebnissen in der Vergangenheit, die nicht verarbeitet und abgeschlossen wurden, kann im schlimmsten Falle zu Depressionen führen. Es gilt also, sich unverarbeitete negative Erlebnisse und ihren Einfluss auf die Gegenwart bewusst zu machen. Ebenso die Tatsache, dass die Vergangenheit nicht verändert werden kann und ein endloses Leiden unter ihr wenig sinnvoll ist.

Wochenaufgabe: An jedem Tag der Woche werden mindestens zwei Erlebnisse aufgeschrieben, die bis heute noch Auswirkungen haben. Hierbei kann es sich um Verletzungen durch einen Partner handeln, die zu einer Angst vor einer neuen Partnerschaft oder extremer Eifersucht geführt haben, aber auch Erlebnisse mit den Eltern, bei denen man sich ungeliebt gefühlt hat oder ungerechtfertigt bestraft wurde. Diese Situationen sollen nicht nur aufgeschrieben, sondern so gut wie möglich erfühlt werden. Der damals vorhandene Schmerz wird jedoch bei der Wochenaufgabe nicht als negativ eingestuft, sondern sollte dankbar angenommen werden als Hinweis auf ein Ungleichgewicht zwischen Körper, Geist und Seele. Jedes Erlebnis soll zu der Erkenntnis führen, welche Erfahrung genau gemacht werden sollte, danach erst kann der Schmerz endgültig gehen und seinen Einfluss verlieren.

Woche 30

Die in der letzten Woche erlernte Art, mit seelischen Schmerzen umzugehen, sollte sowohl für vergangene als auch zukünftig auftretende Situationen verwendet werden. Sobald Schmerzen unterdrückt werden, landen sie in einem inneren Mülleimer, der dazu neigt, irgendwann einmal überzuquellen und sich in größeren seelischen Problemen oder gar körperlichen Symptomen zu äußern. Ganz im Hier und Jetzt und ohne negativen Einfluss der Vergangenheit kann der Mensch nur dann leben, wenn er aus Schmerzen umgehend seine Erfahrung zieht und diese in sein Leben integriert. Die bisherigen Übungen und Erkenntnisse haben auch dafür gesorgt, dass Gefühle genauer wahrgenommen und definiert werden können, so dass der Kopf inzwischen einen adäquaten Gegenspieler haben sollte.

Hierauf baut auch die neue Woche auf, in der es um das Thema Herzensweisheit geht. Da das Bauchgefühl jedoch noch relativ neu ist, benötigt es mehr Sicherheit. Denn die Seele weiß alles, während der Kopf nur sehr begrenzt in seinem Wissen ist. Ein Grund, verstärkt auf das Bauchgefühl zu hören. Eckhart Tolle sagt sehr passend hierzu, dass der Kopf lediglich ein Hilfsmittel ist und der Mensch nicht glauben soll, dass er das ist, was er denkt. Nur so ist Glück überhaupt möglich.

Wochenaufgabe: Der Mensch trifft tagtäglich unzählige Entscheidungen. Selbst das tägliche Duschen, Anziehen, Essen und Gehen sind Entscheidungen, die bewusst oder unbewusst getroffen werden. Jeden Tag dieser Woche wird nun eine Entscheidung, die es zu treffen gilt, ausgewählt und versucht, Bauchgefühl und Kopf auseinanderzuhalten. Hierbei soll so genau wie möglich wahrgenommen werden, was beide Seiten sagen. Diese sollen dann miteinander in Einklang gebracht werden. Es kommt nicht darauf an, immer die eine oder andere Seite gewinnen zu lassen, wichtig ist lediglich die möglichst genaue Wahrnehmung der Komponenten, die zur endgültigen Entscheidung beitragen.

Woche 31

Viele Menschen meinen, dass das Leben im inneren Gleichgewicht und der Liebe und Nächstenliebe Harmonie in Form eines Lebens ohne Diskussion und Unstimmigkeiten bedeutet. Doch dem ist bei Weitem nicht so. Wenn man selbst etwas anderes will als ein Mitmensch, würde diese Harmonie bei Richtigkeit dieser Behauptung bedeuten, dass beide bekommen, was sie wollen. Rein technisch ist das aber oft unmöglich.

Liebe kann aber auch heißen, einen anderen darauf aufmerksam zu machen, dass er nicht in Liebe handelt. Es heißt, darauf zu achten, dass man selbst und andere nicht aus Angst handeln, sondern nur in Liebe und Respekt entscheiden. So ist zum Beispiel Krieg nichts, was aus Liebe geschieht. Es wäre ein Trugschluss, ihn deshalb gutzuheißen. Wenn sich Menschen also an einem Krieg beteiligen und gegen ihn vorgehen, ist dies völlig legitim, wenn die Motivation dahinter nicht der Machtgewinn, sondern der Wunsch nach gegenseitigem Respekt und Liebe ist. Für viele Menschen sieht das Endergebnis gleich aus, den Unterschied macht aber alleine die Motivation. Wenn einem anderen Menschen nicht das gegeben wird, was er sich wünscht, weil dieser es aus einem auf Angst basierenden Gefühl heraus will, ist es für ihn erst einmal gleichgültig, ob es ihm in Respekt und Nächstenliebe verweigert wird oder aus negativer Motivation heraus. Er bekommt es nicht, was für ihn erst einmal schlecht ist. Im Bewusstsein des Resonanzgesetzes, das besagt, dass das, was man aussendet, auch so zurückkehrt, kann jeder einzelne aber dafür sorgen, dass nur Respekt und Liebe zu ihm zurückkehren. Und darauf kommt es an. Hinter jeder Handlung muss also die Motivation überprüft werden und Auseinandersetzungen nicht nur deshalb vermieden werden, weil sie für die Beteiligten unangenehm sind. Sich selbst und seinen Mitmenschen auch einmal in einer Diskussion Grenzen aufzuzeigen, gehört zu einem positiven Leben.

Wochenaufgabe: In den folgenden Tagen sollen genau solche Situationen aufgedeckt und analysiert werden. Hier gibt es im Alltag vielfältige Gelegenheiten. Lästern über einen Arbeitskollegen, Streit mit dem Partner oder Verweigern von Hilfe sind nur einige Beispiele. Bei der Analyse dieser Situationen sollen Fragen beantwortet werden wie: Wie wäre das korrekte Verhalten im Sinne des Resonanzgesetzes gewesen, wie ist das tatsächliche gewesen? Worauf basiert die eigene Reaktion?

Woche 32

Reflektion ist ein wichtiges Mittel, um das Gehirn vom Erfolg einer Methode zu überzeugen. Sie steigert die Motivation und gibt Kraft für den weiteren Weg. Gerade im Dualseelenprozess ist eine regelmäßige Rückschau und die Feststellung der erreichten Ziele ein wichtiges Mittel, denn hier kommt man scheinbar kaum vorwärts, obwohl man in Wirklichkeit viele Bausteine auf dem Weg zu einer erfolgreichen Beziehung manifestiert hat.

Wochenaufgabe: In dieser Woche werden die Erfolge der letzten Wochen aufgeschrieben. Was hat sich verändert, wie hat sich das Selbstbild entwickelt, wie sieht es mit der Eigenliebe aus? Jeder Tag sollte auch unter diesen Aspekten betrachtet werden. Auch die täglichen Routinen sollten überprüft und möglicherweise wieder angepasst werden.

Woche 33

Nachdem nun eine Zwischenbilanz gezogen wurde und Routinen aufgefrischt und angepasst wurden, gilt es, ein weiteres hilfreiches Mittel zur Erreichung von Zielen zu erlernen: Affirmationen. Wie die bereits besprochenen Ziegelsteine bei den Glaubenssätzen können Affirmationen ein Mittel zur Festigung neuer Glaubenssätze sein und somit entscheidend bei der Erreichung von Zielen helfen. Denn: Je öfter wir einen bestimmten Satz hören, desto wirksamer wird er. Dieser Satz will aber gut gewählt sein, denn das menschliche Gehirn überprüft alles, was es wahrnimmt, auf die Wahrscheinlichkeit hin, dass es stimmig ist. Besagt eine Affirmation zum Beispiel, dass man hübsch ist, kann das Gehirn dies meistens als Wahrheit in Betracht ziehen. Ist das eigene Aussehen jedoch ein ständiger Grund zur Klage und wird dann die Affirmation verwendet, dass man selbst wie Miss Germany aussieht, wird das Gehirn dies als unwahrscheinlich abtun und die Affirmation bleibt wirkungslos. Es gilt also, eine Affirmation zu entwickeln, die für das Gehirn glaubhaft und im Bereich des Möglichen liegt. Dazu folgende Erklärung:

Eine Affirmation ist ein selbstbejahender Satz, der sich selbst wieder und wieder gesagt, um die Gedanken »umzuprogrammieren«. Hat man also beispielsweise den Wunsch, selbstbewusster zu werden und an sich selbst zu glauben, sollte eine Affirmation lauten: »Ich bin selbstbewusst.« Nun hat dieser Satz einen Nachteil, der die Wirkung der Affirmation stark einschränken wird. Man selbst glaubt zu diesem Zeitpunkt nicht an die Wahrheit des Satzes und der Verstand wird diese Affirmation sofort attackieren und auseinandernehmen. Die innere Stimme wird sofort sagen: »Da glaubst Du ja wohl selbst nicht dran.« Eine funktionierende Affirmation sollte also so aussehen, dass der Verstand überlistet werden kann. Da kein Mensch vollkommen ohne Selbstbewusstsein ist, wird ein Bereich gesucht, der ausbaufähig ist, aber schon eine gewisse Grundlage hat, also zum Beispiel: »Ich traue mich jeden Tag mehr und mehr, ich selbst zu sein.« Es ist wichtig, eine innere Zustimmung zu dem Satz zu fühlen. Nur dann sollte er als Affirmation verwendet werden. Eine komplette Ablehnung deutet darauf hin, dass das Gehirn diesen Satz als so unwahrscheinlich einordnet, dass er wirkungslos bleiben wird. Wichtig ist, dass Affirmationen immer in der Gegenwart formuliert werden. Denn die Zukunftsform würde sich immer darauf beschränken, auf einem Weg zu sein und das Ziel niemals zu erreichen. Ein Satz wie »Ich bin auf dem Weg, selbstbewusst zu werden« beließe den Sprecher also immer auf dem Weg!

Wochenaufgabe: In den nächsten Tagen wird eine Affirmation entwickelt, die sich mit dem dringendsten Thema beschäftigt und die den o.g. Grundsätzen entspricht. Dieser Satz kann in den nächsten Wochen immer wieder angepasst werden, sollte aber immer wieder gedacht oder gesagt werden. Hilfreich kann es sein, ihn an Stellen aufzuhängen, die man oft während des Tages sieht.

Woche 34

Um Ziele zu erreichen, müssen sie vor allen Dingen erst einmal genau definiert werden. Kein Mensch setzt sich in ein Taxi und überlässt dem Taxifahrer die Wahl des Ziels. Genauso verhält es sich mit der Erreichung von Lebenszielen. Denn wird Ziel nicht genau definiert, geht das Gehirn seine eigenen Wege und versucht den Menschen in seiner Komfortzone zu belassen. Manche Menschen entscheiden sich ganz bewusst, den unterbewussten leichten Schmerz und die grobe Zufriedenheit mit dem eigenen Leben beizubehalten, um Risiken zu vermeiden und nicht mit sich arbeiten zu müssen. Loslasser sind in der Regel aber nicht solche Typen, denn die unerfüllte Liebe und der Wunsch, mit dem Dual in eine Partnerschaft zu kommen, sind so drängend, dass sie meist bereit sind, alles nur Mögliche dafür in Bewegung zu setzen. Und das ist auch gut so. Oftmals ist es jedoch so, dass einfach der Wunsch nach einer Beziehung mit dem Dualseelenpartner besteht, aber nicht genau definiert wird, wie diese Liebe überhaupt gelebt werden kann und was sie im Einzelnen bedeutet. Um sich darüber klar zu werden und genau definieren zu können, was erreicht werden soll, ist es unerlässlich, sich damit weiter zu beschäftigen.

Wochenaufgabe: Im ersten Teil dieses Buches findet sich ein Gedicht von Sandy Stevenson, das sich mit dem Thema »bedingungslose Liebe« befasst. Die nächsten Tage werden dazu genutzt, wichtig erscheinende Charakteristika einer bedingungslosen Liebe anhand dieses Gedichts herauszuschreiben und am Ende der Woche eine Zusammenfassung davon zu einer Definition zu formulieren, die gleichzeitig als zu erreichendes Ziel angesehen werden kann. Es ist wichtig, hierbei auf das Bauchgefühl zu achten und ggf. unstimmige Teile so zu formulieren, dass das erarbeitete Ziel zum eigenen Ziel wird.

Woche 35

Die Suche nach der Liebe des Lebens bestimmt bei vielen Menschen den Alltag. Als kleines Mädchen schon träumt man von der Märchenhochzeit mit dem Prinzen. In der Pubertät, wenn der Mensch sich von seinen Eltern abnabelt und diese nicht mehr »braucht«, um zu überleben, sucht er sich ein anderes »Zielobjekt« für die Gewährleistung seiner Sicherheit, meist einen Partner. Nun kommt es auf die bisherigen Prägungen und Werte an, welche potentiellen Partner als interessant eingestuft werden. Zusätzlich zum sich bildenden Sexualtrieb, der bestimmte Vorgaben an den passenden Partner hervorbringt und für die Attraktivität verantwortlich ist, sind Prägungen und Werte dafür verantwortlich, welcher Partner in die engere Wahl kommt. Grund hierfür ist, dass der Mensch innerlich eine Grundsehnsucht nach der in sich tief verankerten Liebe hat, in der sich die Seele vor ihrer Inkarnation befunden hat. Aus der allumfassenden Liebe kommend, die keine Dualität kennt, befindet der Mensch sich nun in einer Welt, in der diese normal ist. Er sucht also den Part, der ihn vervollständigt. Dies sind die tieferen Beweggründe. Wäre dieser Mensch nun also in einem Zustand der Eigenliebe, mit sich selbst glücklich und unabhängig, würde diese Grundsehnsucht trotzdem bleiben. Vor dieser gilt es jedoch, andere Bedürfnisse zu befriedigen, denn das Aufwachsen geschieht in einem ständigen Mangelbewusstsein. Es besteht bei fast jedem Menschen die Einstellung, nicht dick, dünn, hübsch, intelligent, reich oder selbstbewusst genug zu sein, sich nicht perfekt zu benehmen, irgendwelche wenig liebenswerten Macken oder

Kanten zu haben, usw. Es gibt also einen unbewussten Wunsch, dass jemand diesen Mangel ausfüllt. Anstatt nun an sich selbst zu arbeiten und die Eigenliebe zu perfektionieren, geht das Gehirn den einfachsten und schnellsten Weg und sucht zuerst im Außen nach der Lösung. Ein Partner, der hierfür herangezogen wird, und der im Gegenzug seine eigenen vorliegenden Mängel ausgeglichen bekommt, ist hier scheinbar ideal. Es wird eine Art Bedarfsgemeinschaft gebildet, in der jeder dem Anderen Energie gibt. Ist diese Quelle versiegt, der Partner nicht mehr bereit, den Mangel auszugleichen oder entwickeln sich beide weiter und der Mangel ist nicht mehr vorhanden oder hat sich verschoben, ist der Nutzen des anderen Menschen nicht mehr gegeben. Man »entliebt« sich wieder, weil der andere »nichts mehr zu geben« hat.

Während vorhergehende Generationen nach dem Motto gelebt haben, dass Ehen durchzustehen sind und Scheidungen ein Tabu-Thema, sind diese heute an der Tagesordnung. Viele Menschen versuchen dennoch das Unmögliche und suchen, um ihre Beziehung zu retten, den Weg von Beratungen und Kompromissen. Denn immer noch gilt eine gescheiterte Beziehung als Makel. Anstatt einen Menschen als einen Teil des Lebensweges zu sehen und ihn im Guten ziehen zu lassen, sind die Partner verletzt und sehen sich als Opfer. Doch Kompromisse bedeuten immer nur eine vorübergehende Lösung und sind meist Flickwerk, denn sie gehen einher mit der Tatsache, dass keiner der beiden Parteien seinen Weg des Glücks (weiter-)geht. Je mehr Kompromisse für ein »glückliches« Zusammenleben geschlossen werden müssen, desto sicherer ist es, dass die einzelnen Beteiligten unzufriedener mit ihrem Leben werden und auszubrechen versuchen. Denn »Ich kann damit leben« ist nicht gleichbedeutend mit »Ich bin damit glücklich«. Und Glück sollte das erklärte Lebensziel sein.

Je größer der Mangel an Eigenliebe ist, desto größer die Gefahr, dass eine Beziehung nicht funktioniert. Dies bedeutet im Umkehrschluss aber auch, dass bedingungslose und uneingeschränkte Eigenliebe Menschen in die Lage versetzt, mit jedem Menschen zusammenzuleben. Natürlich darf an dieser Stelle nicht vergessen werden, dass hier noch die körperliche Anziehung hinzukommen muss, jedoch führt Eigenliebe definitiv dazu, den anderen so lassen zu können, wie er ist, und ist somit, wenn dies bei beiden Partnern der Fall ist, ein Garant für das dauerhafte Funktionieren einer Beziehung.

Dies ist sicherlich grob vereinfacht und man könnte hier ein ganzes Buch ob der Komplexität des Themas verfassen, doch ist diese Einschätzung ausreichend, um das Ziel der Wochenaufgabe zu erreichen.

Wochenaufgabe: Unter Berücksichtigung der vorangegangenen Woche und der o.g. Erklärung wird in dieser Woche alles aufgelistet, was in einer Beziehung von Bedeutung ist. Was ist unverhandelbar, was wichtig und was wäre schön? Wie sollte der Partner sein und was braucht es zu einer glücklichen Beziehung wirklich? Vor allen Dingen: Entspricht die Dualseele diesen Vorstellungen und würde eine Beziehung an diesem Punkt schon funktionieren?

Woche 36

Unter Berücksichtigung der Komplexität des Themas geht es in dieser Woche weiter damit.

Wochenaufgabe: Die Liste der Vorwoche wird in dieser Woche wiederverwendet. Welche unverhandelbaren und wichtigen Charakteristika in einer Beziehung bestehen? Warum sind diese so wichtig und wo liegt die Ursache für diesen Wert? Ist es wirklich ein Wert oder eine Prägung und wann hatte diese ihren Ursprung? Gibt es einen Mangel, der dadurch ausgeglichen werden soll, und welcher ist das? Hierzu sollten die Gedanken und Ideen jeden Tag aufgeschrieben und am Ende der Woche zu einem Resultat zusammengefasst werden.

Woche 37

Wie schön häufiger erwähnt, sucht das Gehirn gerne nach der Schuld für Probleme in einer Beziehung beim Partner. Lehnt man jedoch die Opferrolle ab und möchte in seine eigene Schöpferkraft gehen, ist es unausweichlich, nach den Ursachen bei sich selbst zu suchen. Aus diesem Grund passiert auch nichts, was man nicht braucht, um gewählte Erfahrungen zu machen.

Partner sind neben Kindern die besten Spiegel, wenn es um Selbstwert und Eigenliebe geht. Das, was man sich selbst wert ist, wie man sich selber liebt, welche Glaubenssätze man über sich in einer Beziehung hat, wird ein Partner perfekt spiegeln.

Insbesondere Dualseelen spiegeln besser als jeder andere Mensch im Leben und die Auswirkungen von Änderungen sind unmittelbar spürbar. Erkennt man, was man von der Dualseele genau erwartet, kann man dies unmittelbar auf die Wünsche beziehen, die man an sich selber hat.

Wochenaufgabe: Es gilt in dieser Woche herauszufinden, welche Wünsche im Moment in Richtung Dualseele existieren. Diese sollten so detailliert wie möglich aufgeführt werden. Beispiele sind mehr Aufmerksamkeit, Kontaktaufnahme, uneingeschränkte Bejahung der Beziehung usw. Hierzu werden Sätze formuliert, die mit »Ich wünsche mir von dir, dass …« Am Ende der Woche wird das Wort »dir« durch »mir« ersetzt. Nun liegt eine To-do-Liste vor, die ganz klar zu erfüllende Aufgaben benennt, die auf dem Weg zur Beziehung noch zu erledigen sind.

Woche 38

Der Loslasser heißt Loslasser, weil genau das sein Grundthema in seinem Leben darstellt. Kaum ein Wort wird so oft bei der Arbeit mit sich selbst genannt wie dieses. Doch nicht ohne Grund: Nur was der Mensch freilässt, kann auch aus freien Stücken bei ihm bleiben, nur was man loslässt, kann sich entwickeln und ggf. wieder zurückkehren. Festhalten bringt effektiv gesehen nicht viel, doch trotzdem klammern sich Menschen an so viele Dinge. Erinnerungen, andere Menschen, materielle Werte, Status quo usw. sind einige Beispiele für das, was gerne festgehalten wird.

Nun heißt loslassen nicht, dass man Allem gegenüber gleichgültig und es egal werden muss, was passiert. Doch ist die Möglichkeit der freien Entscheidung und Entwicklung für sich selbst und andere absolut notwendig. Dies geht nur, wenn man nicht festhält. Dies ist auch eine Frage des Vertrauens. Glauben man daran, dass alles zum Besten geschieht, wird das Loslassen einfacher sein. Doch selbst dann ist es für das Gehirn und die Logik fast unbegreiflich, dass Gutes freigelassen werden muss, um es behalten zu können. Denn Loslassen bedeutet ein Risiko und das Unbekannte ist für das Gehirn eine Gefahr, die bei Erkennen für eine umgehende Warnung in Form von Angst sorgt. Selbst wenn es um negative Gefühle geht, ist es nicht einfach, denn es entsteht Angst davor, dass mit dem Loslassen von negativen Gefühlen auch die positiven verschwinden werden, die mit einer Person oder Situation in Verbindung stehen. Doch Loslassen bedeutet nicht Auslöschen!

Wochenaufgabe: Aus dem Ergebnis von Woche 8 wird eine Situation ausgewählt, die heute noch einen Einfluss ausübt. Mit diesem Beispiel werden wird dann weiter gearbeitet.

Am ersten Tag dieser Woche werden Gründe aufgeschrieben, warum das Loslassen dieses alten Schmerzes wichtig ist und was es verändern würde. Am zweiten Tag geht es darum, das Gefühl, das noch vorhanden ist, anzunehmen. Hierzu begibt man sich in das negative Gefühl hinein, immer m Hinterkopf habend, dass Schmerz ein Wegweiser sein will. Es kann nicht so schrecklich und schmerzhaft werden wie in der Situation selbst! Dabei sollte auf jedes Detail geachtet werden: Wo genau fühlt man den Schmerz, was für Gedanken hatte man in der Situation und wie war der Schmerz beschaffen? Was genau zeigen diese Schmerzen und worin liegt die Erfahrung? Wie könnte man mit dem heutigen Wissen mit der Situation umgehen. Am Ende der Woche sollte die Bereitschaft bestehen, das Gefühl loszulassen. Eine genaue Analyse des Bauchgefühls hierzu ist wichtig. Ab Tag 5 wird bei Bereitschaft eine Verabschiedung hinzugefügt. Ein Satz wie »Ich lasse Person X jetzt los« oder »Ich gebe den Schmerz über Situation Y jetzt endgültig ab« sind hilfreich. Dies ist die Aufgabe der letzten 2 Tage, da meist noch negative Gefühle vorhanden sind und diese nur durch Wiederholungen komplett bereinigt werden können. Hilfreich kann auch sein, sich einen Fluss vorzustellen, an dem ein Baum steht. Dort hängt ein Sack an einem Ast, in den die negativen Gefühle geworfen werden können. Sind alle negativen Gefühle eingepackt, wird der Sack genommen und in den Fluss geworfen, der ihn ins Universum trägt.

Natürlich gibt es sehr einfache und auch sehr komplexe Situationen, so dass nicht immer innerhalb einiger Tage das Loslassen funktioniert. Manchmal dauert es eben etwas länger oder eine einfach erscheinende Situation entpuppt sich als komplexer. Dementsprechend sollte diese Übung bei Bedarf über diese Woche hinaus fortgeführt werden.

Woche 39

Hier wird nun eine Woche eingelegt, um ggf. die Übung der letzten Woche zu beenden oder aber sich einer zweiten Situation zu widmen, die dringend losgelassen werden sollte.

Woche 40

Unmittelbar in Zusammenhang mit dem Thema Loslassen steht die Vergebung.

Nur wenn Vergebung sich selbst und anderen gegenüber im Leben integriert ist, kann man innerlich wirklich frei sein. Denn mit negativen Gefühlen - gegen wen auch immer – belastet man nicht nur sich selbst, sondern sie wirken sich in vielerlei Hinsicht auf das Leben aus. Das Objekt der Ablehnung merkt davon meist bewusst wenig, wohingegen man selbst darunter leiden. Denn negative Energien sind schwer, wie uns der Satz: »Das zieht mich runter« oder »Das belastet mich« schon sagt. Positive Energien jedoch sind leicht und man fühlt sich, als ob man schweben würde. Man ist »beschwingt« und »hat Oberwasser«. Zudem kommt noch, dass alles, was man aussendet, auch zurückkehrt. Man handelt also gegen sein eigenes Glück, wenn man an Enttäuschungen, Zorn und Wut festhält.

Um den Grundstein für die Vergebung zu legen, ist es wichtig, das bisher Erlernte wirklich verinnerlicht zu haben. So ist es eine Grundvoraussetzung zu verstehen, dass alles im Leben einen Sinn hat, jeder Mensch seinen eigenen Weg geht, aber doch alle zu einer Einheit gehören. Auch muss man verstehen, dass jeder Menschen in jedem Moment seines Lebens immer sein Bestes gibt und das im Rahmen seiner Möglichkeiten. Keiner kann sich exakt in einen anderen hineinversetzen, weil er nicht exakt dasselbe erlebt, erfahren, gehört, gesehen oder gefühlt hat. Alle haben eine unterschiedliche Geschichte, verschiedene Prägungen, einen anderen Körper, ein anderes Umfeld oder andere Gefühle. Und so kann man selbst die bekanntesten Menschen nicht komplett verstehen oder erklären. Dies bedeutet nicht, dass man im Umkehrschluss alles für gut finden müssen, was andere tun, jedoch darf keinem das Recht auf seinen eigenen Weg abgesprochen werden oder man sollte sich befähigt fühlen, eine andere Person für etwas zu verurteilen.

Hilfreich bei der Arbeit mit der Vergebung kann zudem sein, wenn man sich klarmacht, dass es keine Zufälle gibt. Jeder Mensch, der ins eigene Leben tritt, tut dies aus einem bestimmten Grund. Manche fügen Schmerzen zu, weil die bisherigen Erfahrungen nicht ausgereicht haben, notwendige Änderungen zu provozieren. Der bekannte Psychologe und Transformationstherapeut Robert Betz nennt diese Personen »Arschengel«. Und dies mit gutem Grund. Denn die Menschen, die am meisten enttäuschen und verletzt haben, waren oftmals der Grund für entscheidende Änderungen im Leben. Anstatt sich über sie zu ärgern oder sie abzulehnen, darf man ihnen also getrost dankbar für die Lehre sein, die man durch sie lernen durfte. Ist man aber in der Opferrolle und möchte diese Gründe, die unweigerlich zu Veränderungen bei sich selbst führen, lieber bei anderen suchen, gibt man die Macht über sein Leben teilweise ab, was unzweifelhaft bequem ist, aber nicht zum Glück führt. Übernimmt man die Verantwortung für das eigene Leben und geht in die Macht, erkennt man unweigerlich, dass es etwas gab, was erkannt und gelernt werden musste, ist dankbar für diese Entwicklung und geht auf seinem Weg weiter, anstatt ständig in der Vergangenheit zu leben.

Und ein weiterer Punkt spricht dafür, anderen zu vergeben: Jedes negative Gefühl, das man anderen entgegenbringt, hat seinen Ursprung in der Person selbst und deutet auf eine Erfahrung hin, die noch nicht verarbeitet wurde. Ein Beispiel hierfür ist das eines erwachsenen Menschen, dem Fairness sehr wichtig ist. Beobachtet dieser Mensch unfaires Verhalten, regt er sich auf und wird wütend, obwohl er vielleicht gar nicht betroffen ist. Ein Grund hierfür kann sein, dass dieser Mensch in seiner Kindheit eine sehr unfaire Situation erlebt hat, die für ihn extrem schmerzhaft war und sich in sein Gedächtnis eingebrannt hat. Verarbeitet er dieses Erlebnis nun, wird er zwar noch immer dieselbe Situation als unfair empfinden, jedoch nicht mehr mit extrem negativen Gefühlen bedenken.

Als Konsequenz daraus kann man nun die Erkenntnis ziehen, dass alles in jedem Menschen selbst begründet liegt und andere nicht verantwortlich gemacht werden sollten. Entlässt man sie aus der Verantwortung, wird man selbst nicht nur freier, sondern hat die Chance auf eine positive Veränderung in seinem Leben.

Jeder Schmerz liegt in jedem Menschen selbst begründet, denn man braucht ihn, um zu lernen. Was unweigerlich zu einem weiteren Punkt führt: die Vergebung sich selbst gegenüber. Wie oft sagt man sich: »Hätte ich das mal bloß nicht gemacht?« Man macht sich selbst Vorwürfe, weil man es hätte besser wissen müssen, weil man das eigene Gefühl missachtet oder den Ratschlägen anderer misstraut hat. Jeder Mensch sollte sich aber zugestehen, ein Recht auf den eigenen Weg haben, einen Lernprozess zu durchlaufen und genau so, wie er ist, auch gut zu sein.

Alles hat so, wie es ist und war, einen Sinn. Sinn des Lebens ist es nicht, perfekt zu leben, sondern Erfahrungen zu sammeln. Und als solche sollten sogenannte »Fehler« auch angesehen werden. Kann man dies umsetzen, ist man auf seinem Weg zum persönlichen Glück ein gutes Stück weiter gekommen.

Nach dieser Erklärung ist es nur logisch, ein Ziel für sich selbst zu formulieren: Vergebung ist notwendig und wichtig, hat man jedoch das Ziel erreicht und liebt sich selbst, ist sie überflüssig. Denn dann erkennt man an, dass es kein »falsch« und kein »richtig« gibt, dass man selbst und andere in jeder Situation ihr Bestes geben und alles seinen Sinn hat. Dann ist auch alles in jeder Lebenslage immer genau so gut, wie es eben ist.

Wochenaufgabe: Das Loslassen ist für die Vergebung eine gute Vorbereitung und deshalb sollte die Übung aus den letzten Wochen dazu nun mit einer Person durchgeführt, der dringend vergeben werden sollte. Hierzu wird zu Anfang der Schmerz, der mit dieser Person verbunden ist, losgelassen. Es folgt die Frage, welche Veränderungen im Leben durch diesen Menschen und die Erfahrungen mit ihm entstanden sind. Was hat man selbst dadurch geändert? Welche neuen Wege wurden eingeschlagen? Und wie wäre es weitergegangen, wenn es diese Situation nicht gegeben hätte?

Nun werden Gründe aufgeschrieben, was gut daran war, dass dies passiert ist, und warum genau dieser Mensch so wichtig für das eigene Leben war. Hat sich etwas Ähnliches vielleicht mit einem anderen Menschen wiederholt, weil man noch nicht alles erkannt oder geändert hat, was notwendig war? Oder war dies die Person, die die entscheidende Änderung im Leben verursacht hat? Warum brauchte man genau diese Erfahrung? Abschließend wird die Vergebung für diese Person formuliert.

Woche 41

Die Übung von letzter Woche wird diese Woche fortgesetzt, ggf. mit weiteren Personen.

Woche 42

Diese Woche wird wieder einmal der vergangene Zeitraum reflektiert.

Wochenaufgabe: Diese Woche wird eine Liste mit Veränderungen der letzten Wochen erstellt, auf die man stolz ist.

Woche 43

Neben einer gelungenen Reflektion und der klaren Ausformulierung von Zielen und Affirmationen gibt es ein weiteres Mittel, das unterstützend bei der Erreichung von Zielen helfen kann: das Wishboard.

Ein Wishboard ist nichts anderes als ein Brett oder eine Pinnwand, auf der entsprechende Bilder zu den eigenen Wünschen befestigt werden. Das Unterbewusstsein arbeitet am besten mit Bildern und deshalb ist es von Vorteil, wenn Wünsche und Ziele so dargestellt werden können. Zum Beispiel kann der Wunsch nach einer glücklichen, harmonischen Partnerschaft gut durch ein Bild eines glücklichen Paares aus einer Zeitschrift dargestellt werden. Es gibt für alles ein Bild, das man selbst mit einem Ziel verbindet.

Wochenaufgabe: Bisher formulierte Wünsche und Ziele werden aufgelistet, entsprechende Bilder ausgedruckt oder ausgeschnitten und auf einem gut sichtbaren Wishboard zusammengefasst und auf Dauer aktualisiert.

Woche 44

Diese Woche werden die bisher einzeln erlernten und angewendeten Übungen zusammengeführt, denn nur in ihrer Gesamtheit und individuellen Anwendung können sie zum gewünschten Erfolg bei komplexeren Themen führen.

Wochenaufgabe: Vom Wishboard wird ein großes Ziel zur beispielhaften Anwendung herangezogen. Nun wird ein Plan erstellt, wie dieses Ziel erreicht werden kann. Alle erlernten Komponenten werden daraufhin überprüft, ob und wie sie zur Erreichung beitragen können: Visualisierungen, Reflexion über innere Hinderungsgründe, Affirmation, Loslassen von Altlasten usw.

Am Ende der Woche sollte ein genauer Plan stichpunktartig aufgeschrieben werden, der all dies beinhaltet.

Woche 45 und 46

In diesen zwei Wochen geht es darum, den erstellten Plan in die Tat umzusetzen. Dies erfordert eine gute Reflektion, die am besten täglich mindestens 15 Minuten lang durchgeführt wird. Es ist dabei wichtig, alle Faktoren mit einzubeziehen. Was geht einfach, was kostet Überwindung? Welches Thema sollte noch einmal vertieft werden und wo bestehen unvorhergesehene Schwierigkeiten?

Woche 47

Während der Plan für das erste große Ziel sich noch in der Umsetzung befindet, werden in dieser Woche die Pläne für zwei weitere Projekte erstellt. Dabei können die Erfahrungen der letzten Wochen mit dem ersten Plan gut mit einbezogen werden und für einen reibungslosen Ablauf bei den kommenden sorgen.

Woche 48

Ein weiteres Hilfsmittel, das die Einbindung einer Vielzahl von bisher erlernten Methoden erfordert, ist der innere Dialog. Besser bekannt als »Engelchen und Teufelchen«. Mehrere Seiten im Inneren diskutieren ein Thema, vertreten verschiedene Auffassungen dazu und versuchen die anderen »auszubooten«. Jeder kennt das. Da sagt eine Stimme »Tu es!«, während die andere davor warnt. Im Prinzip lebt der Mensch mit einem ständigen, inneren Dialog, auf den er scheinbar keinen Einfluss hat. Doch dem ist nicht so! Dieser Dialog kann sehr wohl beeinflusst werden, indem den Stimmen mehr Raum gewährt wird, die der Erreichung eines Ziels zuträglich sind. In jedem Fall ist es wichtig, ein Gleichgewicht zwischen ihnen zu schaffen. Dies kann man auf spielerische Weise sehr gut erreichen.

Wochenaufgabe: In dieser Woche gilt es, sich einmal bewusst zu machen, welche inneren Wesenheiten einen Einfluss auf Entscheidungen und das eigene Tun haben. Dazu werden die verschiedenen »Stimmen« aufgeschrieben und mit Namen versehen, die auffällig sind. Gleichzeitig wird ihr prozentualer Anteil an Entscheidungen gewichtet, und zwar so, dass sie zusammen 100 Prozent ergeben. Als Beispiel hier einige zu bewertende Anteile: Kritiker, Kind, Richter, Mutter/ Vater, Träumer, Kämpfer, Heiler etc.

Woche 49

Je nach Prägung und Erfahrung haben innere Stimmen auch unterschiedliche Gewichtungen. Keine sollte im Idealfall aber den anderen überlegen sein und die Entscheidung weiterhin bei objektiv getroffen werden können, was zu tun ist. Überwiegt der innere Kritiker zum Beispiel, ist es schwierig, sich selbst anzunehmen. Um zeitweise eine Stimme überwiegen zu lassen oder einen Ausgleich zu erschaffen, kann man auf sehr einfache Weise mit diesen Stimmen umgehen. Im Falle des innerer Kritikers, der zu vorlaut ist, kann diesem ein Gegenspieler oder »Gefährte« entgegengestellt werden. Ist zum Beispiel das innere Kind gelangweilt und braucht dringend mehr Aufmerksamkeit, baut man den beiden einen Raum mit Spielzeug und gibt dem Kritiker die Aufgabe, das innere Kind zu beschäftigen. Beide sind somit zufrieden. Dein innerer Richter, der gerne ständig verurteilt, wird an einen zu erschaffenden Strand geschickt, um Urlaub zu machen. Auch wenn dies kindisch und wenig erfolgversprechend klingt, ist die Erschaffung dieser Fantasiewelt durchaus hilfreich und zeigt schnell Erfolge in der realen.

Wochenaufgabe: Die inneren Anteile werden visualisiert, ihre Situation und Einstellung zu ihrer Rolle überprüft und Lösungen gefunden, damit alle sich in einem Ausgleich befinden.

Woche 50

In dieser abschließenden Woche gilt es, ein Resümee zu ziehen, Fortschritte genau zu betrachten und in der Dualseelenbeziehung zu reflektieren, welche Änderungen eingetreten sind, vor allen Dingen auch in der eigenen Person. Welche Methoden waren besonders erfolgreich, welche weniger? Und es gilt, für die nächste Zeit einen Plan zu haben, Routinen entsprechend anzupassen und sich zu motivieren, das Erlernte weiterhin anzuwenden.

Weiterführende Hinweise

Weiterführende Informationen, Live-Videos und Hilfe finden Sie auch in einer Facebook Gruppe unter dem Titel des Buchs.

https://www.facebook.com/groups/1511162125668076/

Über die Autorin

Petra Liermann wurde 1971 in Dortmund geboren. Nach ihrem Abitur schlug sie eine Beamtenlaufbahn ein, bis sie 2003 nach Ägypten auswanderte und dort bis 2011 lebte.

Nach ihrer Rückkehr nach Deutschland beschäftigte sie sich zunehmend mit energetischen Heilmethoden und spirituellen Themen. Zunächst nur als Verarbeitung der eigenen Erlebnisse gedacht, schrieb sie ihre Erlebnisse in Ägypten auf. Hieraus entstand ihr Buch »Sand in ihren Schuhen«, das 2015 im Franzius Verlag veröffentlicht wurde. Das große Interesse der Leser führte dazu, dass ihre Geschichte in »Wind in ihren Haaren« ihre Fortsetzung findet.

Heute lebt Petra Liermann mit ihrer Tochter im Ruhrgebiet und arbeitet als Lektorin und Autorin. In ihren Ratgebern gibt sie ihren Lesern ihre eigenen Erfahrungen im Bereich der positiven Lebensführung und spirituellen Entwicklung weiter.

www.petra-liermann.de

Weitere Veröffentlichungen der Autorin im Franzius Verlag:

»Weiblichkeit leben - Zurück in die Steinzeit oder vorwärts in ein neues Leben«
Ratgeber
ISBN 978-3-96050-067-4

Was bedeutet Weiblichkeit heute? Und ist durch die wachsende Gleichberechtigung von Mann und Frau die Weiblichkeit gleichermaßen aufgewertet worden? Oder ist vielleicht genau das Gegenteil der Fall? Was hat die Welt zu der gemacht, in der wir heute leben? Und welchen Einfluss hat die Wertigkeit der Weiblichkeit darauf?

Diese und andere Fragen stellt sich die Autorin in diesem Buch und stellt bei ihrer Beantwortung Erstaunliches fest:

Weiblichkeit ist nicht nur eine Frage von Gleichberechtigung oder gleichen Rechten von Frauen, sie ist nicht nur eine Sache von körperlichen Merkmalen und bei weitem nicht nur Sache der Frauen.

Dieses Buch will nicht nur Antworten liefern, sondern zeigt gleichzeitig einen Weg zu mehr Authentizität und Glück für Frauen und Männer auf.

»2015 - Wer wir sind, wo wir stehen und wohin wir gehen«
Sachbuch
ISBN 978-3-945509-31-9

Wie leben wir? Und warum tun wir es gerade so und nicht anders? Und wieso bringen Fortschritt und Entwicklung offensichtlich weniger Glück, aber mehr Unzufriedenheit, Krankheit und Stress in unser Leben. Diese und andere Fragen werden in diesem Buch gestellt und nicht nur das System, sondern das Leben in seiner Gesamtheit zur Beantwortung kritisch hinterfragt. Dabei zeigt die Autorin einen klaren Weg heraus aus der Misere – die Entwicklung von Eigen- und Nächstenliebe!

Ein Buch für alle, die bereit sind, aus der Opferrolle herauszutreten - hinein in ihre eigene Schöpferkraft!

»Sand in ihren Schuhen«
Biografie
ISBN 978-3-945509-30-2

Im Alter von 30 Jahren wanderte Petra nach Ägypten aus, da sie ihre Bestimmung weder in Deutschland noch im Öffentlichen Dienst sah. In Ägypten lernte sie zunächst ihren Traumpartner kennen, den sie jedoch verschmähte. Danach traf sie ihren späteren Ehemann Sayed, mit dem sie über sechs Jahre eine meist sehr harmonische Ehe führte. Das Glück wurde durch die Geburt der gemeinsamen Tochter perfekt, bis Petra herausfand, dass ihr Mann einen Fehler begangen hatte, der für ihrer aller Leben schwerwiegende Folgen bereithielt: Sayed musste seinen »Fehltritt« heiraten und eine Zeit voller Leid, Gewalt und enttäuschter Hoffnungen begann. Diese gipfelte nicht nur in Petras Flucht aus Ägypten, um das Leben ihrer Tochter zu retten. Die Geschichte zeigt auch den oft schmerzhaften Weg der Selbstfindung und Liebe zu sich selbst und dem Leben.

Nachdem sich Petra von ihrem Mann scheiden ließ, verstärkten sich die Bedrohungen durch ihn weiter. Zurück in Deutschland folgten sowohl Telefonterror als auch Todesdrohungen gegen Freunde und Familienangehörige der Anwälte – bis heute.

»Wind in ihren Haaren«
Roman
ISBN 978-3-96050-013-1

Nach ihrer Flucht aus Ägypten ist Petra mit ihrer Tochter zwar sicher in Deutschland angekommen, doch von einem ruhigen Leben ist sie noch weit entfernt! Der Wille, glücklich zu sein, führt sie auf verschiedenste (Um-)Wege und auch zu einem neuen Mann. Doch wie immer in ihrem Leben wählt Petra auch hier gerne das Komplizierte. Sie versucht nebenher, ihr Eigentum in Ägypten zurückzubekommen. Dies würde den Drohungen ein Ende bereiten, die das Leben von ihrer Tochter und ihr ständig begleiten. Am Ende hilft ihr dabei die Erkenntnis, dass Liebe der einzige Weg ist!

Bei »Wind in ihren Haaren« handelt es sich um einen in sich abgeschlossenen Roman, der auch unabhängig von »Sand in ihren Schuhen« gelesen werden kann.

»Liebe und Gewalt - Wahre Begebenheiten der Leser von ›Sand in ihren Schuhen‹«

ISBN 978-3-96050-038-4 (eBook)

Gewalt gegen Frauen, besonders in Beziehungen, ist auch heute noch ein Thema, das in der Öffentlichkeit zu wenig Beachtung erfährt. Oftmals stehen die Betroffenen alleine vor einem Berg an Problemen und erhalten nur unzureichend Hilfe bei dem Prozess, sich von ihrem Peiniger dauerhaft zu trennen. Die Autorin, die in ihrem Buch »Sand in ihren Schuhen« ihren eigenen Trennungs- und Heilungsprozess beschrieben hat, erzählt in diesem Buch und in Bezug auf das wichtige Thema sechs unterschiedliche und wahre Geschichten ihrer Leserinnen.

Novitäten Herbst 2018 / Frühjahr 2019 im Franzius Verlag

<u>Romane</u>

»Blowing Across«
Science-Fiction von Christine Keller, ISBN 978-3-96050-154-1

»Tödliche Ruhr«
Kriminalroman von Ralf Weißkamp, ISBN 978-3-96050-152-7

»Ein Stück Süden«
Roman von Sigrid Wohlgemuth, ISBN 978-3-96050-150-3

»Das Spanische Schwert«
Kriminalroman mit historischem Bezug von Neal Skye & Cherry Loster
ISBN 978-3-96050-147-3

»Im Kreis des Drachen«
Fantasyroman von Frank Bergmann, ISBN 978-3-96050-132-9

»Auf leeren Seiten«
Mystery-Thriller von Melanie Bottke, ISBN 978-3-96050-143-5

»Jagdbare Tiere«
Mystery-Thriller von Ronja Potstawa, ISBN 978-3-96050-145-9

»Grazie Roma @ schön, dass es E-Mails gibt«
Roman von Claudio Gallo, ISBN 978-3-96050-134-3

»Für eine Stunde«
Thriller von Perry Payne, ISBN 978-3-96050-130-5

»Übelst – Eine schräge Komödie«
Roman von Andreas. A. Reichelt, ISBN 978-3-96050-139-8

»Betty und Paul – Zwei auf einer Bank«
Liebesroman von Marion Schinhofen, ISBN 978-3-96050-099-5

»Das Labyrinth des Narren«
Roman von Peter Dumat, ISBN 978-3-96050-095-7

»Mit dem Herbstlaub kommt der Tod –
Kommissar Maiwalds erster Fall«
Kriminalroman von Kathrin Hölzle, ISBN 978-3-96050-086-5

»Yoga, Chaos und ein Mörder«
Kriminalroman von Kathrin Hölzle, ISBN 978-3-96050-141-1

»Rich & Mysterious – Sie ist dein Ruin«
Band 2 der »Rich & Mysterious« -Reihe
Kriminalroman von Neal Skye, ISBN 978-3-96050-103-9

»Kate – Die letzte Göttin«, Band 2 der »Kate«-Reihe
Roman von Perry Payne, ISBN 978-3-96050-057-5

»Die Schakale der Inquisition – Eine Liebe aus karmischer Sicht«
Roman von Mirjam Wyser, ISBN 978-3-96050-127-5

Biografien

»Elisabeth Amandi. Die Biografie – Kreativität macht glücklich«
Von Yngra Wieland, ISBN 978-3-96050-123-7

Kinder- und Jugendbücher

»Die Siegel Asinjas Teil 2: Im Auge des Drachen«
Von Andi LaPatt, ISBN 978-3-96050-101-5

»Die Kristallkinder und das Geheimnis der acht goldenen Haare«, Band 2 der »Kristallkinder«-Reihe
(Illustriert von Merli (Gabriele Merl))
Von Mirjam Wyser, ISBN 978-3-96050-106-0

»Acello und der Riese Philemon«, Band 3 der »Acello«-Reihe
Von Mirjam Wyser, ISBN 978-3-96050-125-1

Sachbücher und Ratgeber

»KETOGA – Ketogene Ernährung und Yoga«
Von Fabrizio P. Calderaro, ISBN 978-3-96050-120-6